Ellen Petry Leanse

Abschalten

Hol dir dein Glück zurück!

Für Alex, Jeff und Matt –
immer meine besten Lehrer

Inhalt

EINLEITUNG

VOR EINIGEN JAHREN war ich mit grundsätzlichen Lebensfragen und großen Problemen konfrontiert. Nach außen hin gelang es mir, meine Sorgen zu verbergen. Etwas war nicht in Ordnung, und ich fühlte mich mit meinen Fragen allein. Alle Menschen um mich herum schienen Antworten zu haben, nur ich nicht. Ich dachte darüber nach, was mir wohl fehlte.

Ich wusste nicht, wo ich Antworten finden sollte. Schließlich ist das nichts, was man in einer ungezwungenen Unterhaltung bespricht. Den anderen ging es bestens – jedenfalls behaupteten sie das. Also lächelte ich noch mehr und tat so, als sei alles in Ordnung.

Ich fühlte mich komplett verunsichert.

Ich fühlte mich allein.

Als ich mit meinem Arzt darüber redete, zuckte der nur mit den Schultern: „So geht es allen mal." Vielleicht dachte er, dass mich das beruhigen würde. Tat es aber nicht. Er sprach über Medikamente, die er in solch einem Fall verschrieb.

Ist das wirklich die Lösung?, fragte ich mich.

Etwas in mir sagte, dass es noch mehr geben müsse. Also machte ich mich auf die Suche. Ich öffnete mich neuen Blickwinkeln – und las, was ich in die Finger bekam, besuchte Kurse und erkundete jeden Weg, um zu erfahren, wie sich andere mit dem tieferen Sinn des Lebens und dem Streben nach Glück auseinandersetzten. Ich nahm mir die Philosophie vor, moderne wie zeitlose Lebensweisheiten, Wissenschaft, Anthropologie und Religion. Ich las Lebensgeschichten, begann, meine Persönlichkeit zu entfalten und gut für mich zu sorgen.

Allmählich gelangte ich zu neuen Einsichten. Doch als ich mich mit dem Gehirn beschäftigte, machte es plötzlich klick. Zum ersten Mal erkannte ich Muster in den verschiedenen Wegen zum Glück – sogar in meinem eigenen Erleben. Mit wachsender Klarheit sah ich alles in einem neuen Licht. Im Gehirn, so schien es mir, fanden sich die Antworten, die ich suchte. Und je mehr ich darüber erfuhr, desto deutlicher sah ich alles vor mir.

Auch heute habe ich natürlich noch Probleme. Doch dabei geht es um das, was möglich ist, und nicht um die Dinge, die mich zurückhalten. Die Arbeitsweise des Gehirns zu nutzen – und zu erfahren, wie es unsere Lebenserfahrungen prägt –, macht mich glücklicher. Ich habe mehr Energie. Mittlerweile bin ich neugieriger, fokussierter und selbstbewusster. Damals hätte ich mir niemals vorstellen können, was es mir bringen sollte, die Funktion des Gehirns zu begreifen – und damit umzugehen.

Wenn ich meine Einsichten an Studenten und Zuhörer im Silicon Valley weitergebe, sehe ich immer wieder, wie hilfreich es ist, das Gehirn zu verstehen und damit zu arbeiten. Kurz gesagt: Achtsames Verhalten führt zu größerer Zufriedenheit und Verringerung von Schwierigkeiten.

Dieses Buch bietet Methoden an, die mir selbst und anderen, mit denen ich gearbeitet habe, geholfen haben, mehr Sinn, Klarheit und Zufriedenheit zu finden. Wenn ich mit Menschen spreche, gleich, welchen Hintergrund sie haben, ob ihr Leben leicht oder schwer ist oder welche Erfahrungen sie gemacht haben, scheint mir, dass ihre Probleme überraschenderweise denen ähneln, die ich selbst vor zehn Jahren hatte. Mit diesem Buch möchte ich einen kürzeren Weg anbieten als den langwierigen Prozess, den ich selbst durchgemacht habe. In unbekannten Gewässern zu segeln ist schwierig – aber ich habe einen Weg gefunden und den möchte ich teilen.

Das Gehirn zu verstehen bedeutet, es kontrollieren zu können – zumindest für eine gewisse Zeit –, statt kontrolliert zu werden. Mit Gehirn-bewusstem Denken haben wir ein mächtiges Werkzeug in der Hand, das uns neue Wege und Ziele eröffnet und sogar größeres Glück beschert. Wie auf den folgenden Seiten beschrieben, ermöglicht die Zusammenarbeit mit dem Gehirn, dem Leben mit Klarheit und Stärke zu begegnen.

So arbeitet DEIN GEHIRN

Der Fremde in meinem Kopf
Ihr Gehirn besteht aus Zellen, die als Neuronen und Glia bezeichnet werden – und zwar mehreren hundert Milliarden. Jede dieser Zellen kann es an Komplexität mit einer ganzen Großstadt aufnehmen ... Jede Zelle sendet elektrische Impulse an andere Zellen, oft Hunderte pro Sekunde. Wenn diese Aberbilliarden von Impulsen in Ihrem Gehirn Photonen wären, dann würden Sie in gleißendem Licht erstrahlen. Das Netzwerk, zu dem sich diese Zellen zusammensetzen, ist von einer derart gewaltigen Komplexität, dass die menschliche Sprache für seine Beschreibung nicht ausreicht und wir uns bei den neuesten Zweigen der Mathematik Unterstützung suchen müssen ... Dies bedeutet, dass es in einem einzigen Kubikzentimeter Ihres Gehirns so viele Verbindungen gibt wie Sterne in unserer gesamten Milchstraße.

DAVID EAGLEMAN, *INKOGNITO. DIE GEHEIMEN EIGENLEBEN UNSERES GEHIRNS*

Gebrauchsanweisung fürs Gehirn

In deinem Kopf befindet sich ein drei Pfund schweres Wunder, das es mit jeder heutigen Technologie aufnehmen kann. Durch den Fluss elektrischer Signale und eine sich stets ändernde Mischung chemischer Botenstoffe, von denen jeder eine bestimmte Aufgabe hat, aktualisiert und erneuert es sich endlos, um *dich* möglich zu machen.

Da es von 100 Milliarden Neuronen angetrieben wird, von denen jedes einzelne mit 10 000 weiteren verknüpft ist, wird das Gehirn im Allgemeinen als das komplexeste Gebilde des bekannten Universums betrachtet. Und was für einen Job es erledigt!

Es steuert Grundfunktionen des Körpers wie Atmung, Herzschlag und Verdauung, reguliert Schlaf, Hunger, Hormone und Wachstum.

Erinnerungen, Gefühle und Begierden – und der Umgang damit – werden vom Gehirn verarbeitet. Es lenkt deine Wahrnehmung der Welt, und wie du dich darin bewegst. All dies und unendlich vieles mehr ist die Leistung des Gehirns.

Auch für die Dinge, derer du dir ganz bewusst bist, ist das Gehirn zuständig: wenn du zum Beispiel vorsichtig ein Pflaster auf das blutige Knie deines Kindes klebst, eine Muskelbewegung also ganz gezielt steuerst. Oder wenn du die Augen schließt, langsam einen köstlichen Duft einatmest, der dir in die Nase steigt, und dabei den Moment genießt.

Wenn du dir überlegst, wie du dich auf eine Prüfung vorbereiten kannst, darüber nachdenkst, ob du dir einen kleinen Hund anschaffen sollst oder ob du einem neuen Mitarbeiter lieber freundlich die Arbeitsabläufe erklärst, statt die Beherrschung zu verlieren – auch dafür benutzt du dein Gehirn.

Für all dies sind verschiedene Funktionen und Bereiche des Gehirns zuständig.

Unser Gehirn ist so komplex, dass man es nicht in Kürze erklären kann. Es bleibt geheimnisvoll, auch wenn Neurowissenschaften und kognitive Wissenschaften immer weiterentwickelt werden: Linguistik, Psychologie, Anthropologie, künstliche Intelligenz, Philosophie und andere. Lehrbücher, Webseiten, selbst populäre Shows dokumentieren die Feinheiten des Gehirns. Doch keine Disziplin scheint eine vollständige Erklärung abliefern zu können, wie das Gehirn wirklich funktioniert – oder zu welchen Leistungen es fähig ist.

Um das Gehirn zu verstehen, können wir einen anatomischen Ansatz wählen, indem wir jede Gehirnregion mit ihren Funktionen betrachten. Wir können die Biochemie des Gehirns untersuchen und erläutern, wie Neurotransmitter und Botenstoffe dessen Aktivität beeinflussen. Oder Psychologie, Bewusstseinsforschung und andere Disziplinen heranziehen, die sich bemühen, das Leben aus der Perspektive des Gehirns zu verstehen.

Das alles ist faszinierend. Doch niemandem gelingt der ganze Job. Um ein vollständiges Bild zu zeichnen, greift dieses Buch deshalb auf verschiedene Disziplinen zurück – Neurowissenschaften, Psychologie, Spiritualität, Anthropologie und andere. Es zitiert Weisheiten berühmter Denker, Führungspersönlichkeiten, Künstler und Pioniere, die auf der Welt ihre Spuren hinterlassen haben und neue Perspektiven eröffnen, Entscheidungen zu treffen und ein erfülltes Leben zu führen.

Auf den folgenden Seiten …

betrachten wir den Grundaufbau des Gehirns,
um zu veranschaulichen, wo die Dinge geschehen,
von denen die Rede ist;

werden wir einige Biochemikalien herausgreifen:
die Hauptverantwortlichen für Gefühle wie
Freude, Motivation, Stress und Zufriedenheit;

erforschen wir die inneren Prozesse des Gehirns:
wie es Entscheidungen trifft, und wie wir sogar
einige der automatischen Reaktionen
beeinflussen oder verändern können;

erfahren wir, warum sich das Gehirn auf
vertraute Gewohnheiten verlässt,
selbst wenn sie nicht zu den
Gedanken oder Handlungen führen,
die wir uns wünschen.

Ziel dieses Buches ist, zu erläutern, was in unserem Kopf vor sich geht, um die Möglichkeiten und Fähigkeiten des Gehirns auf neue Weise zu nutzen. Letztendlich ist das Gehirn eine Art „Vorhersagemaschine“, die permanent für Sicherheit und Überleben sorgt.

Informationen aus der Umwelt werden ständig aktualisiert und in die riesigen Datenbestände integriert, die sich im Lauf eines Lebens ansammeln. Sobald neue Informationen eintreffen, beruft sich das Gehirn auf bereits existierende verlässliche Pfade oder Muster, um Reaktionen zu steuern. Überlässt man es sich selbst, verfolgt es oft hartnäckig die ausgetretenen Wege, auch wenn diese nicht zum gewünschten Erfolg führen.

Veränderungen scheinen schwierig; es ist fast so, als würde das Gehirn sagen: „Das hat schon immer funktioniert, also bleiben wir dabei. Neues ist zu riskant – deshalb: Widerstand."

„Funktionieren" hingegen ist einfach, denn für das Gehirn bist du existent – und somit hast du überlebt. Folglich müssen vergangene Aktivitäten immer noch funktionieren. Ganz gleich, ob Entscheidungen, bestimmte Blickwinkel oder Handlungen zu einem positiven Ergebnis geführt haben, für das Gehirn war die Strategie erfolgreich.

Doch kann man, wie dieses Buch zeigt, mitbestimmen, welcher Pfad beschritten wird, oder ihn sogar selbst pflastern. So hat man die Wahl zwischen den altbekannten Wegen und ungewohnten. Indem man neue Pfade anlegt, also bewusste Entscheidungen statt Automatismen wählt, aktualisiert sich das Gehirn. Und mit der Zeit wird dies zu dem Teil, der „funktioniert", zur Gewohnheit.

Betrachten wir einige Grundlagen zur Arbeitsweise des Gehirns.

Dein Gehirn = die gesamte digitale Welt

Ein Zettabyte an Informationen: Das scheint viel zu sein – und es ist tatsächlich unvorstellbar viel. Zettabyte – noch nie gehört? Dann bist du nicht allein. Der Begriff bezeichnet die Menge aller heutigen digital gespeicherten Daten.

Genauso viele Informationen wären nötig, um eine dreidimensionale Karte der Verknüpfungen eines Gehirns zu erstellen. Der Computer-Neurowissenschaftler Sebastian Seung von der Universität Princeton (USA), der das menschliche Gehirn auf Neuronenverbindungen hin untersucht, erklärt, dass sie ein ganzes Zettabyte an Informationen liefern – so viel wie alle digitalen Daten der Welt zusammen.

Ein Byte ist eine Maßeinheit der Digitaltechnik. Im Allgemeinen nimmt ein Buchstabe, eine Zahl oder ein Zeichen ein Byte Speicherplatz im Computer ein.

Ein Zettabyte umfasst 1.000.000.000.000.000.000.000 Byte.

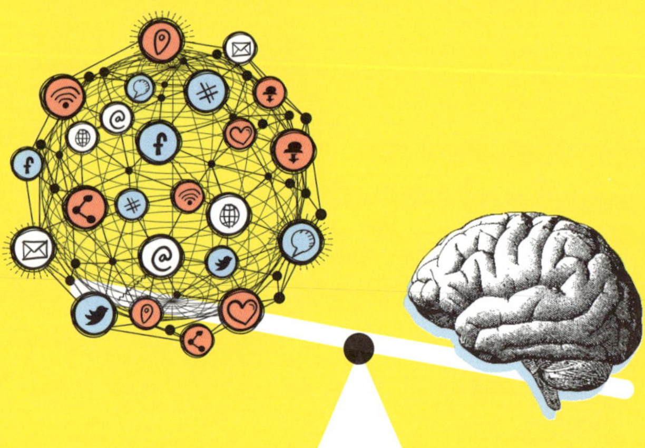

Zur Verdeutlichung: Um ein Zettabyte an Information zu speichern, bedarf es 75 Milliarden iPads mit 16 Gigabyte Speicherplatz.

Das Gehirn wiegt nur etwa 1,5 Kilogramm, doch es ist eines der komplexesten Gebilde dieser Welt.

Das Gehirn: Die Grundlagen

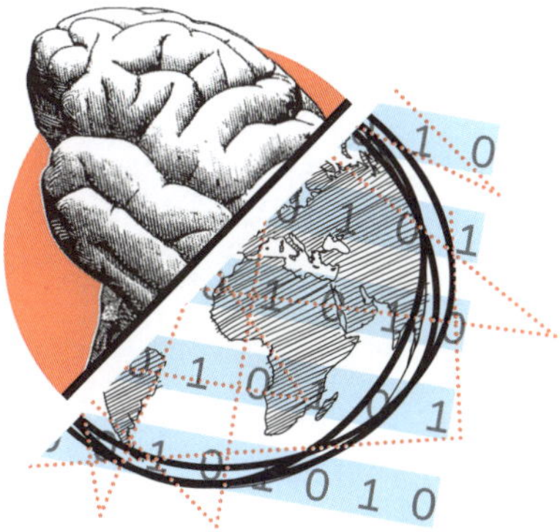

Die Gehirnfunktionen lassen sich in drei Kategorien zusammenfassen.

STEUERUNG DES KÖRPERS: DAS HINTERHIRN

Offenkundig kontrolliert das Gehirn den Körper. Es steuert Funktionen, die wir nicht unbedingt bewusst wahrnehmen – wie den Herzschlag oder

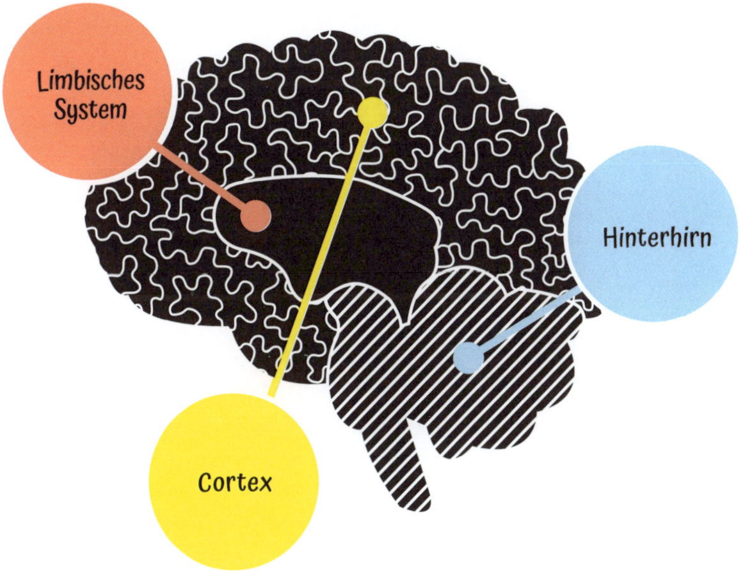

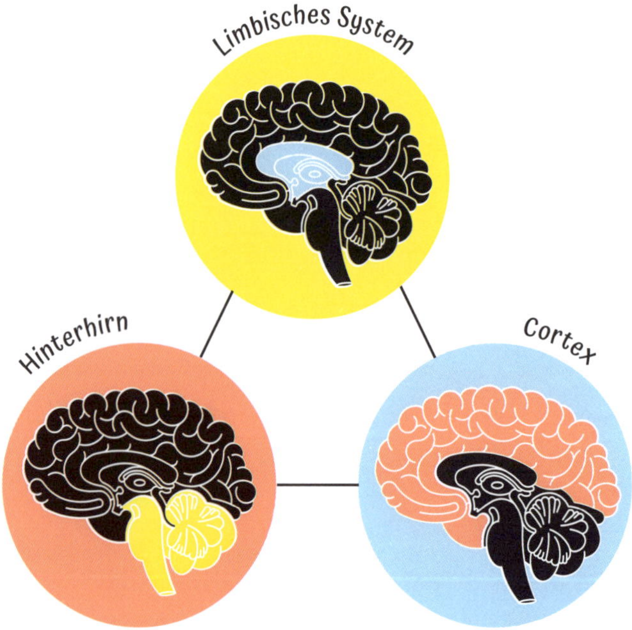

die Atemfrequenz – oder von denen wir nicht wissen, wie wir sie wahrnehmen können (versuch es einmal mit der Aktivität deiner Milz). Es reguliert den Rhythmus von Hunger und Schlaf und steuert das Bedürfnis danach. Außerdem koordiniert es Verdauung, Gleichgewicht und Hormonspiegel.

Diese Funktionen und zahllose andere interagieren zwischen mehreren Zentren im Gehirn. Generell kann man sagen, dass sich die für Körperfunktionen zuständige Region von der Halswirbelsäule bis zur Mitte des Gehirns erstreckt.

Diese Bereiche des Gehirns sind am ältesten und ähneln denen von Tieren. Ihre Arbeitsweise ist hocheffizient und für uns weitgehend unsichtbar: Wir sind uns ihrer Leistung weder bewusst, noch haben wir sie unter Kontrolle. Je mehr wir uns jedoch der Stirn nähern, desto menschentypischer und weniger autonom arbeiten die Gehirnareale.

SPEICHER FÜR ERINNERUNGEN UND GEFÜHLE: DAS LIMBISCHE SYSTEM

Emotionen und Erinnerungen sind wesentlich für das menschliche Handeln. Sie sind so wichtig, dass das Gehirn ein eigens dafür eingerichtetes Zentrum hat: das limbische System – eine faustgroße Region um den zentralen Kern des Gehirns.

Die Lage des limbischen Systems deutet darauf hin, wie sehr es mit den Körperfunktionen und kognitiven Prozessen verbunden ist. Der Mensch ist ein Tier mit sozialem Empfinden. Die Fähigkeit, mit anderen zu interagieren und sich von Gefühlen leiten zu lassen, sicherte den ersten Menschen das Überleben. Erinnerungen, Empfindungen und Reaktionen – das persönliche Erleben bestimmt unsere Beziehung zur Welt, ohne dass uns dies bewusst ist. Auch wenn wir es nicht realisieren, lotsen uns Erinnerungen und Emotionen auf dem Weg zu den gegenwärtigen Erfahrungen.

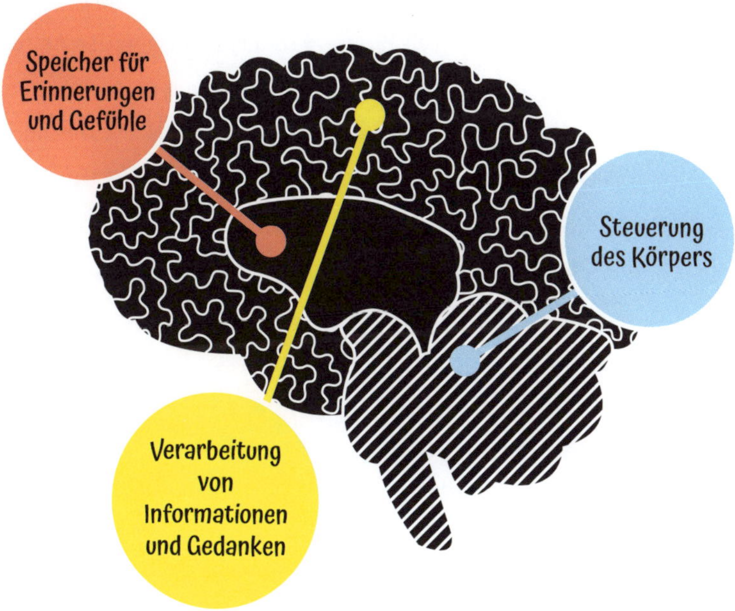

Schicht für Schicht

Wie stellt man einen Gummiball her? Dafür werden einfache Gummibänder, mit denen beispielsweise das Gemüse aus dem Supermarkt zusammengehalten wird, umeinandergewickelt.

Man kann mit einem Steinchen oder einem Papierknäuel in der Mitte beginnen oder auch nur mit einem Gummiband. Und dann wickelt man über Wochen, Monate und Jahre immer mehr Bänder darum. Nach einer Weile erinnert man sich gar nicht mehr daran, was in der Mitte ist. Aber es ist noch da und wirkt sich auf jede darüberliegende Schicht aus.

Ähnlich funktionieren unsere Erinnerungen und Gefühle. Einige liegen an der Oberfläche, gut erkennbar und wahrnehmbar. Andere befinden sich etwas versteckt darunter, kaum sichtbar oder identifizierbar – sie sind aber auch wichtig für das Verhalten (und das Gehirn!), genau so, wie jedes Gummiband zur Struktur des Balls beiträgt.

Psychologisch betrachtet baut das Gehirn auf diese Weise Erinnerungen und Gefühle auf. Wir legen neue Erfahrungen über alte, selbst über solche, die wir nicht sehen. Oft wissen wir, was an der Oberfläche liegt, da es sich um etwas Neueres handelt, während das Alte unsichtbar bleibt.

Dennoch schichten wir weitere Erinnerungen und Gefühle darüber. Auch wenn wir sie nicht spüren oder uns nicht daran erinnern, was im Verborgenen liegt – es ist da.

VERARBEITUNG VON INFORMATIONEN UND GEDANKEN: DER CORTEX

Das Gehirn verarbeitet große Mengen an Informationen über Sinne, Gefühle, bereits Gelerntes und vieles mehr und bestimmt dadurch, was wir als Nächstes tun. Das ist die Arbeit der Gehirnrinde (Cortex), dieser klumpigen äußeren Hülle, die wir sofort mit dem Gehirn assoziieren. Auch wenn der Cortex meist als zusammenhängende Ansammlung von faltigem Gewebe dargestellt wird, besteht er tatsächlich aus zahlreichen Regionen mit spezifischen Eigenschaften. Hier werden unter anderem Sinneseindrücke der äußeren Welt, Sprache, Wahrnehmung und Gedanken verarbeitet.

Die meisten Prozesse – einigen Theorien zufolge über 90 Prozent – laufen ohne unser Bewusstsein ab. Das Gehirn nimmt alles auf, was es erfassen kann, und ermittelt augenblicklich, wie es reagieren soll.

Nur ein Bruchteil unseres Denkens ist tatsächlich beabsichtigt, im Sinne von durchdacht und bewusst. Warum? Das Gehirn arbeitet schnell, denn Entscheidungen, die nicht überdacht werden müssen, haben seit Anbeginn der Menschheit unser Überleben gesichert.

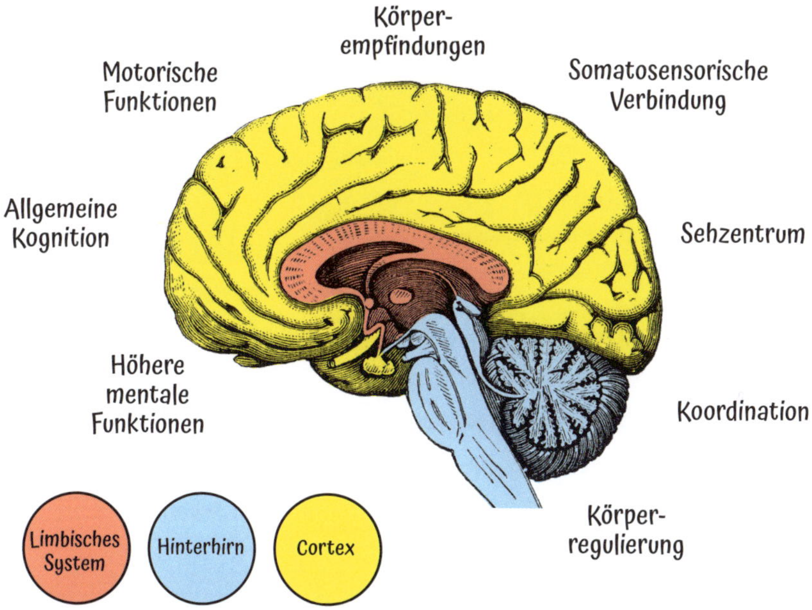

So manche Entscheidung des Gehirns würden wir wahrscheinlich nicht treffen, wenn wir Zeit zum Nachdenken hätten. Bei allem Respekt vor der Fähigkeit des Gehirns, schnell zu arbeiten, gibt es Situationen, in denen eine spontane Reaktion nicht unbedingt die beste ist. Sicher kennst du solch unkontrollierte Entscheidungen – wenn du beispielsweise einen Freund wegen einer Kleinigkeit anfährst oder noch ein extra Stück Pizza hinunterschlingst.

Schnelles Denken – oft eine Wiederholung alter Gewohnheiten – ist der Standardmodus des Gehirns. Aber das Ergebnis ist nicht immer zufriedenstellend.

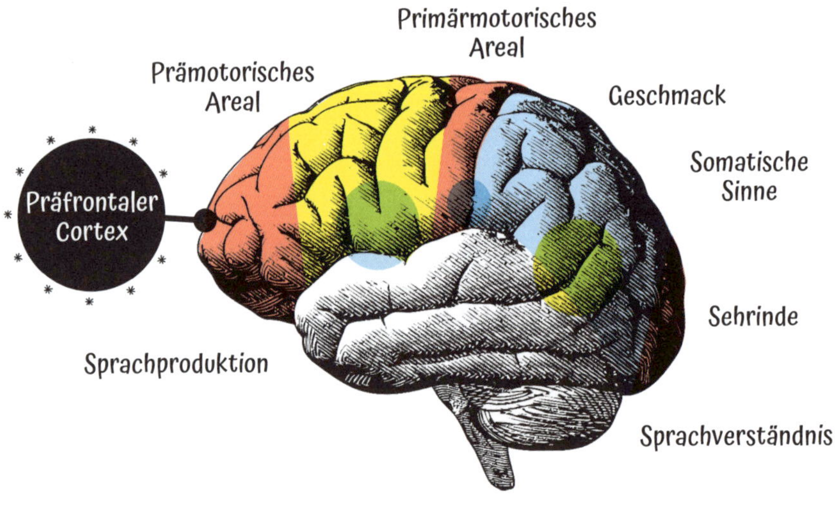

Einen anderen Gang einzulegen erfordert jedoch Bewusstsein und Anstrengung. Geplantes, achtsames Denken ist ungewohnt und findet langsamer und weniger effizient statt als die üblichen Gehirnabläufe. Doch führt es oft zu besseren Langzeitresultaten. Der Bereich im Gehirn für willentliche Prozesse hat sich erst sehr spät entwickelt:

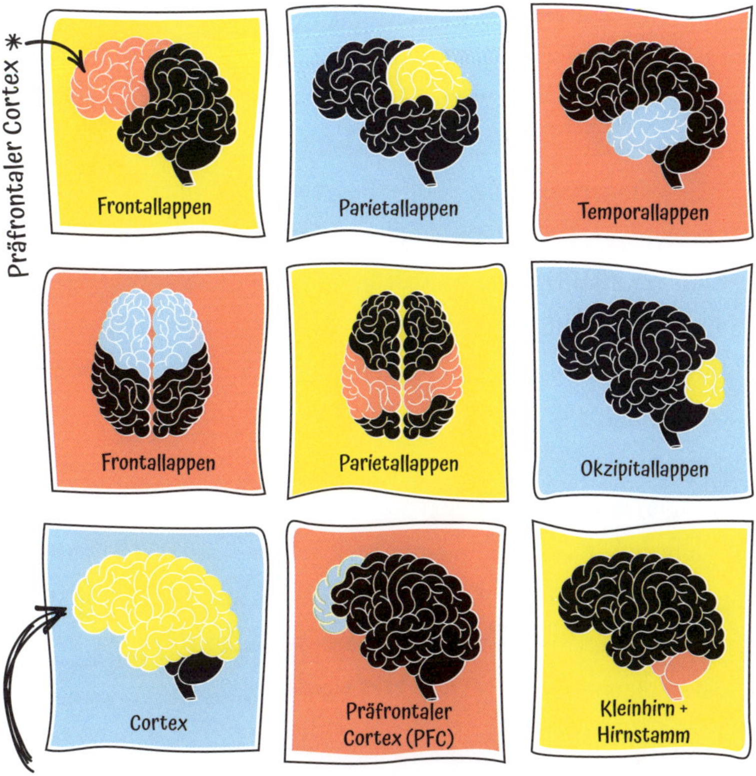

* Die meisten Bereiche des Gehirns sind dieser Region untergeordnet. Auf Abbildungen sieht man sie oft als graue, verschlungene Masse in Form eines Fahrradhelms. Hier werden Informationen aufgenommen und verarbeitet. Dieses Areal wird als Cortex bezeichnet und umfasst 75 Prozent der Gehirnmasse. Im Cortex findet man alles, was nötig ist, um die Welt wahrzunehmen und zu verstehen. Mit anderen Worten, hier trifft Information ein, die vernetzt und verarbeitet wird, und hier entsteht die Reaktion darauf: entweder wie gewohnt schnell – oder aber langsam und bewusst.

Der präfrontale Cortex oder PFC liegt direkt hinter der Stirn. Legt man die Handflächen mit einwärtsgerichteten Fingern auf die Schläfen, wird ungefähr der Bereich des PFC abgedeckt. Er ist der Stützpunkt komplexer Prozesse wie Planung, kritisches Denken und Selbstbeherrschung.

Hier treffen wir bewusste Entscheidungen. Wir wägen ab, widerstehen dem ersten Impuls und tun das, was wir wirklich wollen. Diese Art von Denken wird oft als „höhere kognitive Funktion“ bezeichnet. Die willensgesteuerten Gedanken des Verstandes führen eher zu Entscheidungen als eine unwillkürliche Reaktion des auf Gewohnheit programmierten Gehirns.

Die Einteilung der Gehirnfunktionen in drei Kategorien – Steuerung des Körpers, Gefühle und Erinnerungen sowie Informations- und Gedankenverarbeitung – ist allerdings nicht ganz so simpel, wie es zunächst scheint. Das Gehirn ist ein komplexes, geschlossenes System. Informationen aus verschiedenen Bereichen werden miteinander kombiniert, selbst wenn es sich um einfache Prozesse handelt. Die Einteilung in diese Kategorien gibt nur ein ungefähres Bild von dem wieder, wie und an welchen Stellen das Gehirn arbeitet – das sollte bei der Lektüre der folgenden Kapitel beachtet werden.

Achtsamkeit

Mit dem Begriff „achtsam“ ist häufig das beabsichtigte Denken gemeint, das wir dem präfrontalen Cortex zuordnen. Gewohnte Abläufe im Gehirn und eine schnelle Verarbeitung können unterbrochen werden, um zu einem bewussten und gesteuerten Denken zu gelangen.

Betrachten wir die drei Hauptbereiche des Gehirns, die Körperfunktionen steuern, Gedächtnis und Gefühle speichern und Informationen verarbeiten.

Alle drei arbeiten gleichzeitig zusammen. Wir können fließend von einer Funktion zur anderen wechseln oder dazu gebracht werden. Die Körperfunktionen sind größtenteils unsichtbar und laufen völlig autonom ab. Beispielsweise denken wir nicht ans Atmen. Aber wir können es. Wir können sogar die Atemfrequenz kontrollieren, die Luft anhalten oder – etwa beim Schwimmen oder Meditieren – auf verschiedene Weise atmen, bis es wieder unbewusst oder automatisch geschieht. Doch meist erfolgt die Atmung, wie andere Körperfunktionen auch, auf einer nicht kontrollierbaren Ebene.

Die Verarbeitungsprozesse von Gedächtnis, Gefühl, Wahrnehmung und Denken laufen zwar unbewusst ab, aber wir haben dabei andere Handlungsmöglichkeiten als beispielsweise bei der Atmung während des Schlafs.

Gefühle und Erinnerungen können wir zurückverfolgen und erkennen, wie sie uns beeinflussen. Wir können Gefühle steuern, also beispielsweise Wege finden, mit Wut, Traurigkeit, Pessimismus oder Angst umzugehen. Oder unsere Wahrnehmung trainieren, indem wir lernen, Hintergrundgeräusche auszublenden, Höhenangst zu überwinden oder würzige Speisen zu mögen.

Wir können auch lernen, unsere Gedanken wahrzunehmen, zumindest einige, und sie so zu verändern, dass wir sie unter Kontrolle haben – statt umgekehrt.

Das lässt sich gut am Beispiel zweier Autos veranschaulichen. Das eine ist ein technisches Wunderwerk: voll ausgestattet, schnell, automatisiert und mit allem Drum und Dran. Es fährt von allein, reguliert die Geschwindigkeit, beobachtet den Verkehr, optimiert die Route und blinkt auf, wenn es etwas braucht. Man muss sich kaum darum kümmern, man fährt einfach mit.

Wenn man möchte, kann man den Autopiloten außer Kraft setzen, beispielsweise um eine schöne Landschaft zu betrachten. Man setzt auf der Autobahn einfach den Blinker und hält auf einem Parkplatz an, um die Aussicht zu genießen.

Doch wenn man nichts unternimmt, fährt das Auto einfach weiter. Von allein macht es sich nicht die Mühe, uns eine schöne Landschaft zu zeigen. Es würde bloß funktionieren, um schnell und sicher eine bestimmte Route zurückzulegen.

Dann das andere Auto: Ein behäbiger Geländewagen, der Benzin schluckt, regelmäßig gewartet werden muss und schwer anspringt – aber Orte ansteuern kann, die man sonst nicht kennenlernen würde.

Je nach Ziel würde man sich für eins der zwei Autos entscheiden. Für die täglichen Wege wählt man den technisch ausgestatteten Wagen und lässt ihn seine Arbeit machen, sodass man sich entspannen kann.

Manchmal würde man den Autopiloten ausschalten, einen anderen Weg als die eingegebene Route einschlagen und später dem Wagen wieder das Steuer überlassen.

Für einige Fahrten jedoch nimmt man den Offroad-Buggy, um eigenhändig ans Ziel zu kommen. Trotz der Mühe und der Arbeit, die das Fahren bereitet, würde man sich sicher fühlen. Man weiß ja, wie der Wagen zu bedienen ist, um an Orte zu gelangen, die der High-Tech-Schlitten niemals erreichen könnte.

Aber zuvor sollte man noch den Ölstand prüfen.

Nun die gute Nachricht: Beide Autos stehen in unserer Schädelgarage.

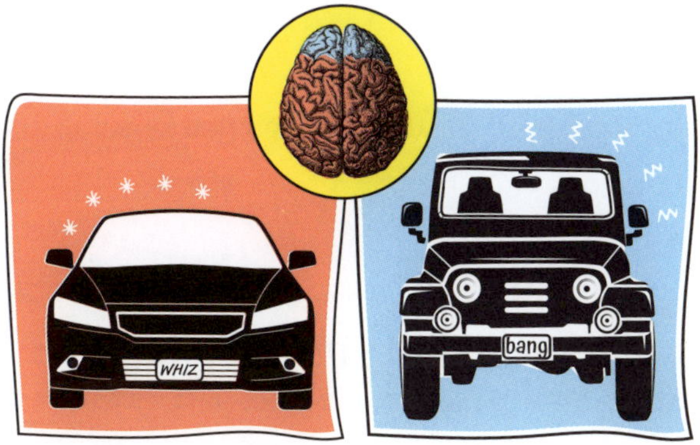

Und es kommt noch besser. Diese beiden Autos sind gleichzeitig unterwegs und stehen uns jederzeit zur Verfügung. Je nach Bedarf kannst du umsteigen. Normalerweise lässt du dich ganz bequem mit dem Autopiloten fahren. Hin und wieder aber kann die Strecke ganz schön holprig werden oder du kommst an einen unwegsamen Ort, für den es kein Navi gibt. Dann steigst du auf den Geländewagen um und kehrst erst wieder in den anderen Wagen zurück, wenn die schwierige Strecke bewältigt wurde.

Das vollautomatische Auto braucht eigentlich keinen Fahrer – die Person auf dem Fahrersitz ist also eher ein Mitfahrer.

Manchmal möchte diese Person aber etwas anderes als der Autopilot, so einfach und effizient er auch ist – zum Beispiel die Landschaft bewundern. Ein wenig befahrener Weg ist manchmal interessanter, auch wenn er nicht so schnell ans Ziel führt. Oder es geht einfach nur um den Spaß am Fahren oder eine größere Fahrpraxis.

So funktioniert auch unser Gehirn. Meist sind wir ohne Fahrer: Wir folgen mit dem Autopiloten den vorprogrammierten Routen.

Die erlernten und optimierten Routen müssen dem Fahrer nicht unbedingt gefallen. Manchmal möchten wir auch wenden und in eine andere Richtung fahren, so ungewohnt sich der Wechsel zunächst auch anfühlen mag.

Diese Art zu fahren wird von der Fähigkeit und Leistung des Fahrers bestimmt.

Einfach ausprobieren

Gönn dir eine Keks-Pause, während du dies liest, selbst wenn es nur ein Fantasie-Keks ist. Nimm ihn dir und schling ihn hinunter. Du merkst selbst kaum, dass du ihn gegessen hast.

Jetzt ist der nächste Keks an der Reihe. Beiße ein Stückchen ab, vielleicht schaust du dabei aus dem Fenster. Beobachte, was du siehst, und schmecke den Keks. Trink einen Schluck Kaffee und nimm das Aroma wahr.

Dann wirst du langsamer. Beiße ein noch kleineres Stück von dem Keks ab, spüre die Konsistenz an den Zähnen und die verschiedenen Geschmacksnuancen auf der Zunge.

So ist es, wenn wir die Richtung wechseln. Wenn wir die ganze Bandbreite unseres Bewusstseins erforschen, spüren wir die Übergänge zwischen den Gehirnfunktionen.

Wer hat das Sagen?

Das Gehirn hat das Sagen, oder? Ist das nicht seine Aufgabe?

Solange du in dem führerlosen Auto sitzt, ist das richtig: Das Gehirn ist zuständig – für die Organisation des Körpers und die Verarbeitung von etwa 90 Prozent der Gedanken und Handlungen. Zum Glück sitzen wir in einem modernen Schlitten.

Das Gehirn ist ein hungriges Organ. Obwohl es bei einem Erwachsenen nur zwei Prozent der Körpermasse ausmacht, benötigt es 20 Prozent der Energiezufuhr. Es benötigt Glukose (metabolisierten Zucker) und Sauerstoff – und ist gierig nach beidem. Wenn man nur einen Stoff für kurze Zeit weglässt, verlangsamt sich das Gehirn. Etwas länger, und es gerät ernsthaft in Gefahr. Ein Abbau von Glukose bewirkt Probleme beim Denken, bei der Erinnerung und bei der Impulskontrolle. Die Gefahr des Sauerstoffmangels ist bekannt. Bei vier bis sechs Minuten ohne Sauerstoff erleidet das Gehirn einen irreparablen Schaden – bis hin zum Tod.

Doch dank seiner effizienten Arbeit speichert das Gehirn Glukose und Sauerstoff für den Notfall und bleibt möglichst im Autopiloten-Modus. Und darum hat es das Sagen.

Aber wenn du ins zweite Auto umsteigst, scheint etwas anderes die Führung zu übernehmen, zumindest, wenn es ihm gelingt, sich ans Steuer zu setzen.

Achtsamkeit aktiviert dieses Etwas, was immer es auch ist. Es entzieht dem vorprogrammierten Prozess die Kontrolle und legt sie in die Hand des „Fahrers“ – mit der Absicht, sich vom Autopiloten zu unterscheiden.

Nicht die Mächte der Finsternis, sondern die der Seichtheit bedrohen das WAHRE, das GUTE und das SCHÖNE und stellen sich als tief und profund dar. Diese frisch-fröhliche Seichtheit ist allenthalben die Gefahr unserer Zeit und will sich uns als Heiland verkaufen.

KEN WILBER, PSYCHOLOGE,
WISSENSCHAFTLER, AUTOR

Viele religiöse, spirituelle und psychologische Traditionen sprechen von dieser treibenden Kraft. Manche nennen sie Bewusstsein, andere Geist oder Seele. Andere behaupten, dass es sich einfach um eine weitere Gehirnfunktion handelt. Den unterschiedlichen Meinungen ist eines gemeinsam: Niemand weiß es wirklich.

Und wir müssen es auch nicht wissen. Nur der Buddhismus kennt eine treffende Beschreibung für diese Kraft: der Beobachter. Das ist eine einfache Erklärung für dieses „Etwas“, das unsere Gedanken und unser Handeln beobachten kann, aber losgelöst davon ist. Wie der Fahrer oder Mitfahrer im Auto ist der Beobachter nur zeitweise aktiv. Zuweilen lässt er sich fahren, ein anderes Mal beherrscht er die Straße. In beiden Modi kann er aufmerksam und bewusst sein. Ob passiv oder aktiv, der Beobachter ist stets wachsam.

Der Beobachter

Ist der Beobachter wirklich nützlich? Jemand, der uns Achtsamkeit lehrt, unser Denken leitet und uns sagen lässt: „Aber auf der anderen Seite ...“

Er ist tatsächlich hilfreich. Wir haben alle schon Situationen erlebt, in denen wir unser Bestes gegeben haben, statt schnell und routinemäßig zu handeln wie der Autopilot, und so zu einem besseren Ergebnis gekommen sind. In diesen Momenten fühlen wir uns gut und bereuen, manchmal zu schnell und automatisch gehandelt zu haben.

Der Beobachter kann jedoch nicht immer bereitstehen, ähnlich wie ein hochbezahlter Arbeiter. „Beobachter-Denken“ aktiviert das jüngste Gehirnareal, das – wie die Fahrt im Geländewagen – am wenigsten effizient ist: den präfrontalen Cortex (PFC).

Von allen Bereichen des Gehirns arbeitet dieser Teil mit der geringsten Effizienz.

BEOBACHTEN UND WAHRNEHMEN

Der „Beobachter“ oder, allgemein gesprochen, der „wache Verstand“ verkörpert eine Fähigkeit, die der WAHRNEHMUNG entspringt. In der Lehre der ACHTSAMKEIT wird der beobachtende Verstand mitunter als etwas Eigenständiges betrachtet, das geschult werden kann.

Genau gesagt, handelt es sich dabei aber nicht um den denkenden, sondern um den wahrnehmenden Verstand – die BEWUSSTHEIT, den wissenden Geist.

PAMELA WEISS, LEHRERIN DES ZEN-BUDDHISMUS UND COACH

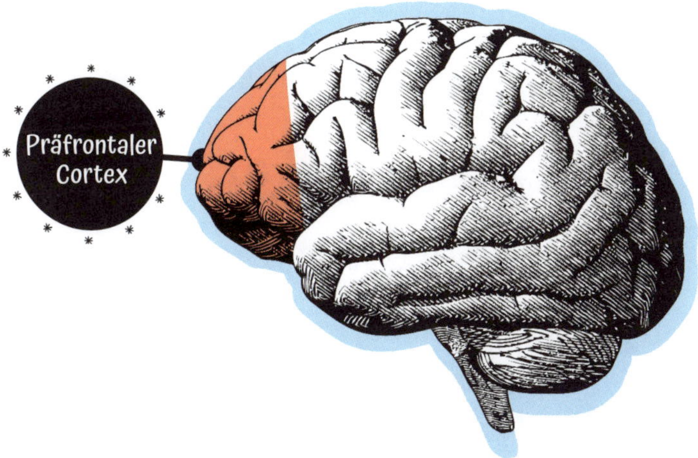

Das könnte uns einen Hinweis darauf geben, warum das Gehirn vorzugsweise im Autopilot-Modus arbeitet. Wissenschaftler versuchen immer noch, herauszufinden, wie viel Energie der PFC benötigt; einen Hinweis darauf können uns die Gehirne anderer Primaten geben. Während unsere pelzigen Verwandten etwa 10 Prozent ihrer Energie für das Gehirn verbrauchen, scheinen wir Menschen – diejenigen mit dem größten PFC – doppelt so viel zu benötigen.

Der PFC ermüdet schnell. Wer bei der Lösung einer komplexen Aufgabe einen Filmriss hat, vor Müdigkeit die Fassung verliert oder nach einer intensiven Planungssitzung über Kopfschmerzen klagt, spürt diese Erschöpfung.

In der Welt, für die wir geschaffen sind, brauchen wir keine Energie für Dinge wie langfristige Projektplanung, stundenlange Büroarbeit oder Konzentration, um nicht abgelenkt zu werden.

Ohne **STRUKTUR** und **DISZIPLIN** fließen unsere Gedanken völlig ungezügelt. Weil wir nicht gelernt haben, sorgfältiger mit dem Innenleben unseres Gehirns umzugehen, sind wir nicht nur anfällig dafür, wie andere Menschen über uns denken, sondern auch für Werbung und politische Manipulation.

JILL BOLTE TAYLOR, NEUROWISSENSCHAFTLERIN, ÜBERLEBENDE EINES SCHLAGANFALLS, AUTORIN

Meist mussten wir ums Überleben kämpfen und dafür ausreichend Energie sparen. Der vorrangige Job des Gehirns bestand darin, uns am Leben zu erhalten. Um auf einen Kampf oder die Flucht vor dem vorbereitet zu sein, was als Nächstes um die Ecke kommen mochte (oder im Gras lauerte), musste diese Energie zur Verfügung stehen. Diente eine Aufgabe hingegen nicht dem Überleben, sorgte das Gehirn für Widerstand. Heutzutage müssen wir in vielen Situationen gründlich nachdenken, statt blitzschnell zu reagieren. Doch der Widerstand ist immer noch im Gehirn verankert.

Wenn wir also mehr Glück, Orientierung oder Selbstbeherrschung in unser Leben bringen wollen, müssen wir einen anderen Weg wählen. Dafür brauchen wir sowohl den Beobachter als auch ein Verständnis dafür, wie die heutige Realität unsere Signale so verzerrt, dass wir uns unglücklich oder verantwortlich fühlen.

Um das zu verstehen, sollten wir uns ansehen, was Glück eigentlich bedeutet – und auch über den Weg nachdenken, der zum echten Glück führt, das wir uns alle wünschen. Um dorthin zu gelangen, müssen wir uns von Gewohnheiten trennen, die wir einfach übernommen oder automatisiert haben. Dabei haben wir vergessen, aufmerksam zu sein.

Um unser Glück zu finden, können wir lernen, wie und wann wir das bildhafte Steuer in die Hand nehmen sollten. Es bedeutet, sich die Routen anzusehen, die uns so vertraut sind, dass der Autopilot sie als den einzigen Weg und nicht als einen von vielen betrachtet. Für die Aktivierung bestimmter Teile des Gehirns ist Energie und Übung nötig, denn sie können unbrauchbar werden, wenn sie sich zu lange im Autopilot-Modus befinden, der effizientesten Arbeitsweise des Gehirns.

Wir alle verfallen leicht in diesen Modus, doch wenn wir lernen, die Kontrolle zurückzuerlangen, können wir mehr Glück und Zufriedenheit erfahren als auf den gewohnten Wegen.

Allein das Steuer zu übernehmen kann schon Freude darüber bescheren, auf dem Weg zu sein. Wenn wir dies üben, steigt unsere Gehirnleistung, was uns zu weiteren Leistungen befähigt. Das ist achtsames Handeln, die Arbeit des Beobachters – etwas, das jeder lernen kann.

Es gibt viele Wege, um mit den Übungen zu beginnen. Bewährt hat sich, mit etwas anzufangen, das so wesentlich für die menschliche Natur ist, dass wir es fast für selbstverständlich halten oder vergessen, es aktiv zu pflegen. Gerade in unserer heutigen bewegten Zeit bleibt es oft auf der Strecke. Es ist eine einfache Sache, die aber grundlegend für Wohlbefinden und Zufriedenheit ist, sodass es sich lohnt, daran zu arbeiten. Die Rede ist von Verbindungen.

Chemie

Über hundert verschiedene Chemikalien arbeiten gleichzeitig in unserem Gehirn. Menge und Aktivität werden durch verschiedene Faktoren bestimmt: von der Genetik über die Umwelt bis hin zu unserer bisherigen Lebensweise. Hier werden die wichtigsten und besterforschten Chemikalien des Gehirns vorgestellt – Neurotransmitter und Hormone –, die sich auf Glück, Gesundheit und soziale Interaktionen auswirken.

GLÜCKSREGULATOREN

Dopamin

Serotonin

Dopamin: Die Spannung bei der Jagd ... ein lohnendes Ziel ... selbst das Pling eines „Like"! Man empfindet Genuss und Befriedigung. Dieser Neurotransmitter steigert unser Glücksgefühl, wenn wir ein Ziel verfolgen oder erreichen ... aber er kann uns auch zu sehr in eine gute (oder schlechte) Sache hineinziehen.

Serotonin: Es geht nichts über den Blick von ganz oben! Erfüllung, Zielstrebigkeit, Stolz auf endlich erreichte Leistungen. Serotonin ist der Neurotransmitter, der oft mit Selbstwertgefühl und Zufriedenheit assoziiert wird. Er unterstützt uns darin, Stationen und Erfolge auf einem Weg zu würdigen, zu genießen und positiv zu bewerten.

STRESSREGULATOREN

Endorphine

Cortisol

Endorphine: Du schaffst es! Endorphine werden beim Training, beim Kampf gegen Widerstände und auch bei Schmerzen freigesetzt. Das Läuferhoch – Runner's High – wird ausgelöst, wenn diese Hormone am Werk sind. Gute Nachricht: Sie bilden sich auch beim Lachen und sie helfen uns stets dabei, mehr Freude und weniger Schmerz zu empfinden.

Cortisol: Bei einem gesunden Pegel unterstützt dieses Hormon den Körper, doch bei lang andauerndem Stress kann es sich anstauen und zu mentalen und körperlichen Störungen führen. Der Cortisolspiegel steigt bei anhaltenden negativen und bedrohlichen Situationen. Gute Nachricht: Gesunde Ernährung, Sport, Entspannung und Achtsamkeitspraxis können den Cortisolspiegel senken.

Adrenalin

Adrenalin: Verteidige dein Revier oder nimm die Beine in die Hand! Aufregung, Anspannung und Gefahr: Dieses Hormon lässt uns aufspringen … augenblicklich. In Stresssituationen bereitet es uns auf „Kampf oder Flucht" vor. Adrenalin, auch Epinephrin genannt, bringt den Körper bei Bedrohung und Anstrengung jeder Art auf Hochtouren.

BINDUNGSHORMONE

Oxytocin und Vasopressin

Bindung, Fürsorge, Zuneigung, Beziehung: „Kuschelhormone" bringen Menschen zusammen. Bei Frauen ist hauptsächlich Oxytocin für das verliebte Kribbeln verantwortlich, bei Männern ist es Vasopressin. Diese Hormone ermöglichen uns, Liebe zu spüren und Nähe aufzubauen. Sie tragen nicht nur zum Wohlbefinden bei, sondern sind auch am Zusammenhalt menschlicher Beziehungen beteiligt und sorgen für Anziehung und Treue.

Was wählst du?

DIE ZWEI SEITEN DES GLÜCKS

Wahres Glück entsteht nicht durch die Beschäftigung mit sich selbst, sondern durch die Hingabe an ein lebenswertes Ziel.

HELEN KELLER, AMERIKANISCHE SCHRIFTSTELLERIN, MENSCHENRECHTSAKTIVISTIN

Was ist Glück? Diese Frage stellen sich viele. Seit Urzeiten schon beschäftigt sie die Menschen im alltäglichen Leben, Philosophen und Gelehrte.

Schon die alten Griechen machten sich Gedanken über das Glück. So bezeichnete der Philosoph Aristippos (ca. 435–355 v. Chr.) Glück als Vergnügen – und zwar so viel wie möglich –, dessen Ziel der Genuss ist. Andere Werte hatten für ihn keinen größeren Nutzen.

Aristippos' Ansatz führte zu dem Begriff „hedonistisches Glück", der für spontanes, genussvolles Vergnügen oder kurzzeitige Befriedigung von Sehnsüchten steht.

Das von Aristoteles (384–322 v. Chr.) geprägte „eudämonistische Glück" hingegen beinhaltet ein tiefes Wohlbefinden, das durch ein Ziel, Überwindung von Hindernissen und Wachstum gekennzeichnet ist. Dieses Glück entsteht aus einem erfolgreichen Leben und der Absicht, Potenziale zu verwirklichen. Tequila-Shots oder Videospiele wären Aristoteles nicht genug gewesen – hätte es sie denn im alten Griechenland schon gegeben. Schneller, leichter Genuss stand nicht auf der eudämonistischen Speisekarte.

Aristippos und Aristoteles lebten zwar vor der Zeit der kognitiven Neurowissenschaften, doch ihr Denken deutet etwas an, das heute als Tatsache gilt. Unterschiedliche Glücksgefühle korrelieren mit dem Ausschütten verschiedener Botenstoffe im Gehirn.

Hedonistische Genüsse gehören in die Zuständigkeit des Dopamins: der Chemikalie, die oft mit der Begierde nach einem bestimmten Objekt in Verbindung gebracht wird. Einem Drang nachzugeben, Zerstreuung zu suchen oder „nur noch eins" haben zu wollen, sind typische Verhaltensweisen, die selten zu langfristigem Wohlbefinden führen.

Eudämonistische Belohnungen sind mit einer anderen Chemikalie verknüpft: dem Serotonin, das Gefühle von Wertschätzung, Verbindung und Selbstwert bewirkt. „Um den Serotoninspiegel zu erhöhen", sagt der Ausdauersportler und Autor Christopher Bergland, „fordere dich regelmäßig heraus und strebe nach Ziel, Sinn und Erfolg. Die Worte ‚Ich hab's geschafft!' erzeugen eine Rückkopplungsschleife, die das Selbstvertrauen stärkt und den Serotoninspiegel steigen lässt."

Sowohl Dopamin als auch Serotonin verhelfen uns zu Gefühlen von Glück und Freude. Den positiven Wirkungen von Dopamin allerdings – Motivation, Neugierde, Bewegungskoordination – stehen erhöhter Blutdruck, Reizbarkeitssymptome und Angstzustände gegenüber. Das Hormon wird mit Zwängen oder Suchtverhalten in Zusammenhang gebracht und kann Verstörtheit, Reizbarkeit und Mangel an Selbstkontrolle hervorrufen.

Serotonin dagegen wirkt anders. Normalerweise produziert der Körper keine großen Mengen davon, weil wir sie nicht brauchen; problematisch ist es jedoch, zu wenig zur Verfügung zu haben: Niedrige Serotoninwerte sind mit Lethargie, Essstörungen, Stimmungsschwankungen und Depressionen verbunden. Deshalb ist es für Körper und Geist gesünder, sich an Aristoteles' statt Aristippos' Weg zum Glück zu halten.

Die Chemikalien des Gehirns sind weder schlecht noch gut. Jede einzelne ist nötig und trägt dazu bei, dass Körper und Geist funktionieren.

Spielcasinos, Werbung, Politiker und selbst Entwickler neuer Technologien haben längst verstanden, wie diese Stoffe funktionieren – wenn auch nur intuitiv – und nutzen sie entsprechend. Oft gibt es einen ausgeklügelten Plan, dich für ihre Produkte zu ködern, sodass du immer mehr davon willst. Jeder kann die Schattenseiten von Dopamin dazu nutzen, um Wünsche zu kreieren und Zufriedenheit zu versprechen, wenn man mehr von einer Sache bekommt.

Es gibt also einen großen Unterschied zwischen der Erfüllung, die Aristoteles propagierte, und dem Genuss, den Aristippos suchte. Obwohl sie vor langer Zeit über Glück nachdachten, sind die Fragen, die sie sich damals stellten, heute so aktuell wie damals. Was ist das Glück, nach dem wir streben? Wie entsteht es und warum sehnen wir uns so sehr danach? Und vor allem, was sind wir bereit zu tun, um dieses Glück zu erschaffen?

Und sind wir sicher, dass das Glück, nach dem wir suchen, uns wirklich erfüllt und nicht etwa einen Absturz darstellt in das ständig präsente Angebot an Zerstreuung oder Genuss, das uns in der modernen Welt an jeder Ecke begegnet?

Verbindungen SCHAFFEN

Uns wird gesagt, dass „Entfremdung", also wenn wir uns zurückziehen oder uns einsam fühlen, eigentlich das Verlangen nach etwas Sexuellem, Materiellem oder Körperlichem ist. In Wahrheit weisen die Schaltkreise in Geist und Seele darauf hin, dass wir jenseits von Fernsehern und Computerbildschirmen verbunden sind. Was viele mit Depression verwechseln, ist eigentlich das Bedürfnis, verstanden zu werden oder zu erleben, dass Wünsche in Erfüllung gehen.

SUZY KASSEM, SCHRIFTSTELLERIN, SCHAUSPIELERIN

Werfen wir einen Blick auf die moderne Technik und Datenerfassung, scheinen wir uns verbundener als je zuvor zu fühlen.

Schließlich loggen sich täglich Milliarden Menschen auf Facebook ein. Innerhalb von 24 Stunden nutzen wir 2,5 Milliarden Mal Google und verschicken über 6 Milliarden Textnachrichten. Und es wird mehr.

Auf Snapchat teilen wir 9000 Snaps pro Sekunde.

Aber unsere persönlichen Daten erzählen eine andere Geschichte.

Eine von vier Personen gibt an, mit Einsamkeit zu kämpfen. Depression ist ein weltweit wachsendes Gesundheitsproblem; es wird vorausgesagt, dass sie bis zum Jahr 2020 die Volkskrankheit Nummer zwei (hinter Herzerkrankungen) sein wird. Und Depression ist, wie Untersuchungen zeigen, häufig eine Folge von Einsamkeit.

Im technischen Sinn mögen wir zwar miteinander verbunden sein, aber die digitalen Verbindungen lassen uns das nicht unbedingt fühlen. Tatsächlich vermitteln sie eher das Gefühl von Vereinsamung. Und Verbindung zu fühlen – mit realen Menschen –, ist unsere eigentliche Fähigkeit, Glück zu empfinden.

Digitale Kommunikation

Der Zugang zu moderner Technologie hat viele Vorteile gebracht, die das Leben erleichtern und planbarer machen. Wir verlassen uns auf die Technik, um die täglich wachsenden Arbeitsprozesse schneller und automatisierter bewältigen zu können.

Effizienz ist eine tolle Sache. Aber dafür sind wir nicht auf der Welt. Unser Leben bedeutet mehr als Zeitersparnis, nur damit wir mehr erledigen können. Zufriedenheit erreichen wir nicht dadurch, dass wir immer mehr – darunter viel Bedeutungsloses – immer schneller bewältigen.

Ständig starren wir auf Bildschirme – junge Menschen oft über sechs Stunden pro Tag – und während dieser Zeit tun wir nicht das, was uns glücklicher machen könnte.

Bildschirme führen uns nicht zum Glück. Das Gehirn weiß dies, und das Herz fühlt es. Jahr für Jahr steigt der Stresspegel, aber niemand sagt uns, wie wir den Kreis durchbrechen können.

Auch der Körper weiß es. Einsamkeit schmerzt, und das ist mehr als eine Metapher. Die Psychologin Naomi Eisenberger von der University of California erforschte, welche Auswirkungen Gefühle von Einsamkeit und Ausgrenzung auf bestimmte Hirnregionen haben, die mit körperlichem Schmerz verbunden sind. Ihre Untersuchung hat gezeigt, dass sozialer Schmerz so stark sein kann, dass manche Menschen ihn körperlich spüren.

Wir sind auf der Welt, um zu interagieren, und nicht, um nur zu agieren. Auf einer bestimmten Ebene wissen wir das. Doch die Ablenkung durch technische Geräte und andere Dinge verspricht einfache Antworten und schnelle Lösungen, die nur einen Klick weit entfernt sind. Also klicken wir weiter.

Wenn du eine Stunde lang glücklich sein willst,
mach ein Schläfchen.
Wenn du einen Tag lang glücklich sein willst,
geh fischen.
Wenn du ein Jahr lang glücklich sein willst,
erbe ein Vermögen.
Wenn du ein Leben lang glücklich sein willst,
hilf jemandem.

CHINESISCHES SPRICHWORT

All die Nachrichten um uns herum versuchen uns davon zu überzeugen, dass das Glück nur einen nächsten Einkauf, eine durchfeierte Nacht oder ein Date weit entfernt ist. Wenn FOMO (fear of missing out: „die Angst, etwas zu verpassen") uns an unsere Geräte fesselt und dazu verführt, den Moment eher zu dokumentieren, als ihn zu genießen – in der Hoffnung viele „Likes" zu ergattern –, fühlen sich immer mehr Menschen einsam. Das Festhalten und Teilen von Augenblicken bindet uns an die Technik und entfernt uns von der einzigen wahren Quelle des Glücks: der echten Welt und den Menschen, die uns umgeben.

Noch nicht überzeugt? Zahlreiche Studien belegen, dass wir uns kaum an das Bild der Kamera erinnern, wenn wir mal eben ein Foto schießen. Das Gehirn scheint zu beschließen, die Erinnerung auszulagern, sodass wir selbst uns gar nicht erst die Mühe machen müssen, das Bild im Gedächtnis zu behalten. Wir fangen es ein, aber wir behalten es nicht.

Die sozialen Plattformen befördern uns auf die unterste Ebene der Kommunikation. Ein schnelles „Like" oder ein „Sad face" mögen zwar der Person auf der anderen Seite Bindung signalisieren und schnell eine Chemikalie freisetzen, die Glücksgefühle auslösen mag, doch die sind rasch vergänglich. Unsere Erinnerung daran, was wir in den sozialen Medien gut oder traurig fanden, ist kaum von Dauer. Sie verbindet uns auch nicht mit den Menschen. Wir haben alle schon Posts über Verluste oder Herzschmerz von Freunden gelesen. Dennoch können wir uns nicht an den Verlust erinnern, wenn wir ihnen im wirklichen Leben begegnen.

Wenn wir uns auf den Bildschirm anstatt auf unsere Mitmenschen verlassen, müssen wir dafür einen Preis zahlen.

Zwischenmenschliche Kommunikation

Inzwischen ist es gar nicht mehr so einfach, sich im realen Leben miteinander zu verbinden. Beobachte einmal in deinem Lieblingscafé, wie viele Leute dort mit ihren Smartphones beschäftigt sind, anstatt sich gegenseitig anzusehen. Wie viele kleben förmlich am Bildschirm, wenn sie ihre Bestellung aufgeben, und schaffen es noch nicht einmal, der Bedienung „Hallo" oder „Danke" zu sagen. Vielleicht denken wir, dass dies keine Rolle spielt und solche kleinen Interaktionen gar nicht als Verbindungen im Gehirn registriert werden. Doch genau das tun sie.

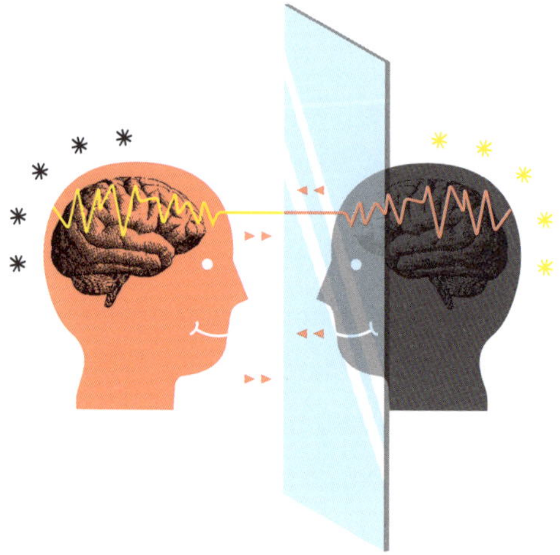

Ein Lächeln aktiviert Spiegelneuronen – das sind Signale im Gehirn, die beim Betrachten anderer aktiv werden –, sodass es förmlich ansteckend wirkt. Lachen ist wie eine Party fürs Gehirn. Es aktiviert Neuropeptide, die Stress reduzieren und den Körper mit Glücksgefühlen erfüllen.

Auch Dopamin, Serotonin und Endorphine beflügeln und entspannen, zudem senken sie den Blutdruck. Durch Endorphine können Schmerzen gelindert werden. Ein Lächeln hebt die Stimmung, sowohl beim Sender als auch beim Empfänger.

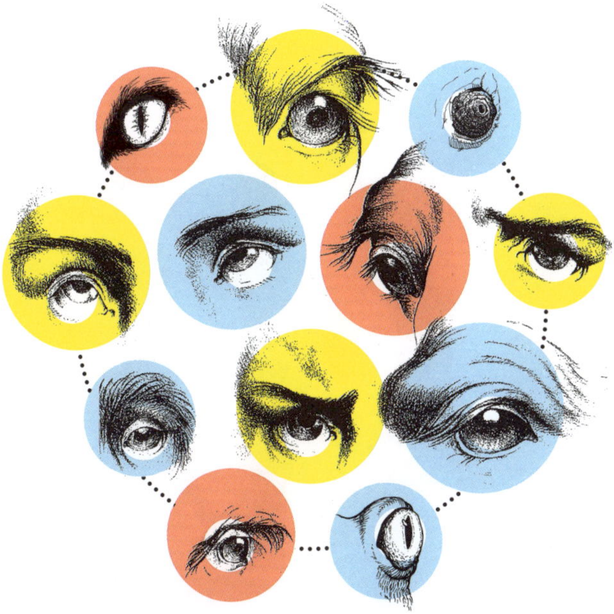

Noch besser funktioniert ein freundlicher Blickkontakt. Das menschliche Auge ist einzigartig: Die Pupillen sind von Weiß umgeben, und die Form der Augenhöhlen sorgt dafür, dass es sichtbar ist. Warum? Anthropologen vermuten, dass weit geöffnete Augen uns einst dabei geholfen haben herauszufinden, wem wir vertrauen und mit wem wir zusammenarbeiten können. Die meisten Primatenbabys beobachten die Kopfhaltung der erwachsenen Primaten, von denen sie lernen. Menschenbabys aber tun etwas anderes: Sie beobachten die Augen.

In einer Studie der US-amerikanischen Purdue University fand man heraus, dass selbst Blickkontakt zwischen Fremden ein Gefühl von Verbindung vermittelt, das jedoch nicht erlebt wird, wenn die Personen in unterschiedliche Richtungen schauen. In dieser Studie berichteten Teilnehmer, die noch nicht einmal in zwanglosen Situationen Blickkontakt hatten, dass sie sich ignoriert und nicht gesehen fühlten – und dies als verletzend empfanden.

Ein Abbild dieser Kettenreaktion: Die Warteschlange im Coffeeshop

Verbindung als Überlebensstrategie

Der Neurowissenschaftler und Sozialpsychologe John Cacioppo hat seine Arbeit der Erforschung von Einsamkeit im Hinblick auf Gehirn und Körper gewidmet: „Das Fehlen von sozialen Kontakten lässt in uns dieselben Alarmglocken schrillen wie Hunger, Durst und physischer Schmerz. Einsamkeit bewirkt, dass das Gehirn in den Selbsterhaltungsmodus fällt ... Die Aktivität der Sehrinde nimmt zu, die des Areals für Mitgefühl hingegen ab."

Im Selbsterhaltungsmodus wird das Denken auf höherer Ebene schwieriger. Wir verfallen in Standardmuster, sodass wir nur schwer Zugang zum Beobachter oder den Funktionen des PFC haben. Das Gehirn reagiert auf soziale Bedrohung ähnlich wie auf körperliche – mit Kampf oder Flucht –, was die Blutversorgung des PFC und, durch das Nebennierensystem, sogar lebenswichtiger Organe senkt.

Wir spüren es. Wenn wir uns auf sozialer Ebene nicht angenommen fühlen, wächst unsere Vorsicht. Das Gehirn sucht in bewussten oder unbewussten Mustern nach Lösungen, die bereits funktioniert haben. Vielleicht greifen wir nach einem weiteren Glas oder schlingen etwas hinunter, das wir nicht wirklich wollen. Wir fühlen uns schwach und sogar verwirrt.

Wenn wir uns den Drink oder den Fett-Burger genehmigen und uns auf das allgegenwärtige Belohnungssystem von Apps, E-Mails oder Fernseher verlassen, müssen wir dafür einen Preis zahlen. Dr. Cacioppos Arbeit zeigt, dass in manchen Altersgruppen Einsamkeit mit einem noch höheren Risiko verbunden ist als Fettleibigkeit. Soziale Isolation kann zu einem Anstieg der Sterblichkeit von 20 Prozent führen. Wenn wir unsere Aufmerksamkeit weiterhin eher Dingen als Personen widmen, passt sich das Gehirn an, sodass diese Entwicklung zur neuen Normalität wird. Aber sie führt nicht zum Glück, sondern vielmehr zu Niedergeschlagenheit, Verstimmung und Einsamkeit.

Zeitlose Weisheit

„Ich sehe dich" ist in einigen südafrikanischen Kulturen eine traditionelle Grußformel. Manchmal ergänzen die Worte „ich bin hier, um gesehen zu werden" die Begrüßung. Durch diese Bestätigung wird der Kreis geschlossen; man kann förmlich spüren, wie die Spiegelneuronen feuern.

Diese respektvollen, verbindenden Worte sind sicherlich ein Ausdruck guter Absicht. Aber sie beschreiben auch das Kernstück des menschlichen Glücks: Unser Bedürfnis nach Verbindung mit anderen. „Ich sehe dich" spielt auf den afrikanischen Begriff *Ubuntu* an, der besagt, dass „ein Mensch erst durch andere Menschen ein Mensch ist".

Dem würde unser Gehirn zustimmen.

Wie oft fühlen wir uns ignoriert? Wie vielen Menschen begegnen wir täglich, ohne Notiz von ihnen zu nehmen oder sie anzuerkennen? Wie viele mehr verpassen wir, wenn wir nur auf das Handy konzentriert sind? „Sehen" wir andere Menschen wirklich, wenn wir etwas *liken?*

Wenn digitale Aktivität die reale Kommunikation ersetzt, fühlen wir uns unsichtbar und ausgeschlossen. Eine tiefere Form von FOMO, der Angst, etwas zu verpassen, kann sich einstellen.

Glücklicherweise gibt es einen anderen Weg, um die Belohnungschemikalien des Gehirns zu aktivieren und Verknüpfungen für neue Muster zu bilden. Neuroplastizität – die Fähigkeit des Gehirns, sich selbst zu aktualisieren, indem es neue neuronale Verbindungen abbildet – befähigt uns, Wege zurückzuerlangen, die wir unbewusst verloren haben, und neue aufzubauen. Doch dafür müssen wir den Autopiloten verlassen und benötigen Absicht und Übung.

Da das Gehirn Botenstoffe feuert, entstehen neue Verknüpfungen. Was ein guter Grund dafür ist, mehr von dem zu tun, was man wirklich tun will. Besonders wenn es bedeutet, sich wieder mit Menschen zu verbinden. Hier sind einige Möglichkeiten, um damit anzufangen.

Neue Verbindungen

Versuche diese einfachen Schritte, um dich stärker verbunden zu fühlen.

DEN BLICK VON DER TECHNIK ABWENDEN

Überlege dir eine Tätigkeit aus der realen Welt, der du gern öfter nachgehen würdest, und eine aus der Welt der Technik, die du reduzieren möchtest. Schreibe deine Intentionen auf und deponiere diese Notizen an einem Ort, wo du sie jeden Tag sehen kannst. Freue dich über Fortschritte und fange noch mal von vorn an, wenn du rückfällig wirst.

Gewohnheiten zu ändern kostet Mühe. Aber Lernen aktiviert Teile im Gehirn, die zu Gefühlen von Wohlbefinden und Können beitragen. Die Integration neuer Informationen oder Aktivitäten findet meist im PFC statt, sodass wir Willenskraft aufbauen, befriedigende Entscheidungen treffen und unserer Umgebung mit Aufmerksamkeit begegnen können.

Der beste Ort, Menschen kennenzulernen? Sicher nicht der Fernseher.

KLEINE SCHRITTE

Das Gehirn verknüpft Gedanken und Handlungen mit immer größerer Effizienz. Das führt zwangsläufig dazu, Dinge wie in der Vergangenheit zu sehen oder zu tun. Doch dem gegenüber sind wir blind, denn dies läuft automatisch ab. Veränderungen müssen durch ständige Wiederholungen erarbeitet werden und kommen nur langsam in Gang.

Um den Widerstand zu verringern, arbeite *mit* deinem Gehirn. Verbinde neue Muster mit bekannten Handlungen. Dadurch wird das Gehirn unterstützt, neue Handlungen in bereits vorhandenen Bildern zu verankern. Steck dein Handy in die Tasche, wenn du ins Café gehst. Denk daran, zu grüßen, bevor du etwas bestellst. Beobachte, was passiert.

Du möchtest eine positive Verstärkung? Dann probier's einmal mit einem Lächeln. Wenn deine Spiegelneuronen feuern, sobald der Barista zurücklächelt, macht dein Gehirn ein Update und bereitet sich auf ein weiteres Lächeln vor – diesmal mit weniger Anstrengung.

LÄCHLE ... und die Menschen werden sich fragen, was du vorhast.

UNBEKANNT

EHRENAMT

Überall gibt es Gemeinschaften und Gruppen, die mehr Hilfe benötigen, als sie bekommen. Was ist dir persönlich wichtig – wen oder was würdest du gern unterstützen? Indem du etwas bewirkst, kannst du eine Form der Zufriedenheit erlangen, die das Gehirn nährt (und das Herz erfüllt). Zudem ist dies eine gute Möglichkeit, mit anderen Menschen in Verbindung zu kommen. Wahrscheinlich findest du Seelenverwandte – und die tiefe Genugtuung, zu einem gemeinsamen Ziel beizutragen.

Sei der REGENBOGEN in der Wolke eines anderen.

MAYA ANGELOU,
US-AMERIKANISCHE SCHRIFTSTELLERIN,
PROFESSORIN UND BÜRGERRECHTLERIN

UMGANG MIT EINSAMKEIT

„Einsamkeit", sagt der Theologe Paul Tillich, „drückt den Schmerz des Alleinseins aus – die Abgeschiedenheit dessen Reichtum."

Mitunter entsteht Einsamkeit durch eine Abweichung vom eigentlichen Lebensziel. Wir alle brauchen und verdienen soziale Verbindungen. Und auch das Gefühl, in der Welt etwas zu bewegen: dass unser Beitrag zählt.

Du bist wichtig. Ebenso deine Beiträge, wie immer sie auch aussehen mögen. Doch unser Sinn fürs Allgemeinwohl kann im Strudel des

Alltags mit seinen endlosen To-do-Listen, Pendelfahrten und Zwängen untergehen.

Wir kommen erschöpft und ausgelaugt nach Hause. Verständlicherweise sehnen wir uns dann nach leichter Kost. Doch zu viel Trägheit kann das Glück auffressen. Typische Auslöser wie Apps, Videospiele, Fernsehserien oder sogar E-Mails setzen im Gehirn Chemikalien frei, die Gefühle von Stress, Isolation oder Angst verstärken, sodass wir für soziales Engagement nicht mehr offen sind. Wir schalten ab und hängen fest. Das verhindert die Sicht auf den Weg, wie wir uns wieder öffnen können.

Wie können wir den Kreislauf durchbrechen und die Einsamkeit in Zufriedenheit verwandeln?

Selbstfürsorge ist dabei ein Anfang. Wenn du kleine Dinge für dich selbst tust, findest du den richtigen Weg, um in der Einsamkeit Stärke zu finden. Koche dir etwas Gutes, auch wenn es nur ein Mal in der Woche ist, praktiziere eine Yoga-Übung wie den Sonnengruß ... Jeder kleine Schritt kann dir und deinem Körper zu größerer Fülle verhelfen. Da das Gehirn verknüpft, was es freisetzt, zeigt es dir auch etappenweise den richtigen Weg zu einer besseren Gesundheit.

Dopamin regt die Motivation und das Streben nach Belohnung an – dieses Wissen können wir auf positive Weise nutzen. Wenn du zum Beispiel normalerweise auf dem Heimweg ans Chillen denkst, stelle dir nun vor, stattdessen zu zeichnen oder neue Gitarrenakkorde zu lernen. Bitte deinen Beobachter um Hilfe, damit sich dein Gehirn auf die gewünschten Tätigkeiten einstellt. Noch nicht überzeugt? Dann denk einmal daran, dass Leistungssportler mit ähnlichen Visualisierungen trainieren und sich so auf Wettbewerbe vorbereiten. Wenn es bei ihnen zum Erfolg führt, dann funktioniert es auch bei dir.

GEDULD

Tief im Inneren wissen wir, dass Verbindung der Schlüssel zum Glück ist. In gewisser Weise sind Gefühle von Einsamkeit oder Isolation ein Signal dafür, dass wir etwas anderes wollen, als wir haben. Ironischerweise können sie uns schutzbedürftiger machen. Wenn wir uns bedroht fühlen, neigen wir dazu, uns zu verschließen.

Aus allen möglichen komplizierten Gründen funktioniert unser Gehirn auf diese Weise. Doch sind wir so konditioniert, dass wir uns selbst die Schuld geben und glauben, mit uns stimme etwas nicht. Je öfter wir das denken, desto tiefer verfallen wir leider in Einsamkeit.

Manchmal funktioniert etwas auch beim besten Willen nicht. Vielleicht sind wir besonders freundlich, bemühen uns, Menschen kennenzulernen, aber wir finden einfach keinen Anschluss.

Das kann hart sein. Doch vergiss nicht, dass auch andere Stress und den Alltag bewältigen müssen.

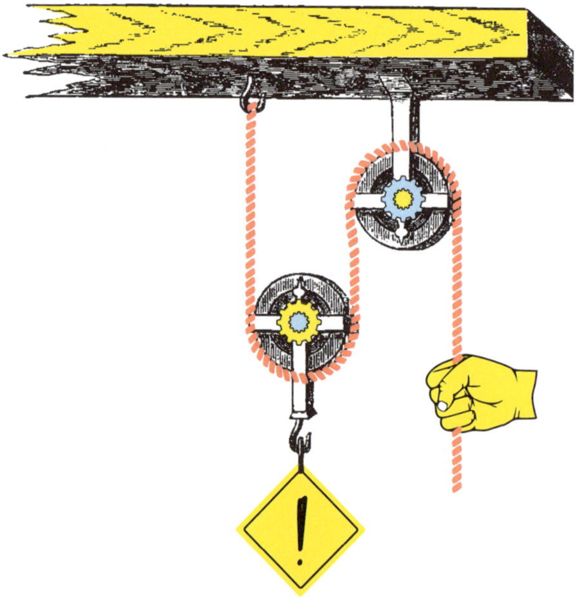

Selbst mithilfe der Spiegelneuronen sind viele Menschen nicht bereit, auf ein wohlwollendes Angebot zu reagieren.

Wenn dies geschieht, betrachte es als Widerstandstraining fürs Gehirn. Wenn du eine ablehnende Antwort bekommst, belass es dabei – reflektiere nicht die Stimmung des anderen. Nutze deinen PFC, um wahrzunehmen, dass etwas diesen Menschen bedrückt (Empathie ist eine zentrale Stärke des PFC, und je mehr du sie nutzt, desto ausgeprägter wird sie). Vielleicht wünschst du ihm einen schönen Tag, wenn auch aus der Ferne. Wer weiß? Vielleicht kannst du ihm damit helfen – auf jeden Fall aber dir selbst.

Eines ist klar: Die Beschäftigung mit technischen Geräten entfernt uns nicht nur von tiefen Beziehungen. Unser Gehirn wird so verknüpft, dass es mehr auf vorhersehbare, geradlinige, auf Ursache und Wirkung bedachte Handlungen ausgerichtet ist statt auf die Unwägbarkeiten des Lebens mit all seinen Freuden. Das kann zu Ungeduld und Intoleranz führen, wenn wir ernsthaft mit anderen kommunizieren, und endet wiederum im Teufelskreis Einsamkeit.

Um Veränderungen zu ermöglichen, müssen wir uns selbst in den Griff bekommen. Das beginnt damit, sich von den Dingen fernzuhalten, die Verbindungen verhindern. Es gibt einen einfachen Weg, um das Blatt zu wenden: den Stecker ziehen.

Die Harvard-Studie zum Glücklichsein

FÜR EIN ERFÜLLTES LEBEN BRAUCHEN WIR GENAU EINE SACHE

Freundschaft wird geboren, wenn ein Mensch zum anderen sagt: „Was, du auch? Ich dachte schon, ich wäre damit allein."

C. S. LEWIS, SCHRIFTSTELLER

Im Jahr 1938 fragte sich eine Gruppe von Forschern: „Was macht ein gutes Leben aus?“ Sie ahnten nicht, was sie erfahren würden. Bereitwillig warteten sie lange Zeit auf Antwort. Nachdem sie 724 Personen mehr als 75 Jahre lang beobachtet hatten, fanden sie etwas heraus, wovon wir alle profitieren können.

Das Leben und Schicksal dieser 724 Menschen, alle Harvard-Absolventen, war so individuell wie jeder Einzelne von ihnen. Manche lebten in der Stadt, andere auf dem Land. Beruf, finanzieller Erfolg, Aktivitäten und Gesundheit waren sehr unterschiedlich. Einige erfuhren Versagen und Verlust oder kämpften mit gesundheitlichen Problemen. Manche waren beruflich erfolgreich, andere wiederum nicht. Einer von ihnen (John F. Kennedy) wurde Präsident.

Und einige waren glücklicher als andere. In den vielen Interviews und Fragebögen, die ihr Leben begleiteten, stellte sich heraus, dass die Glücklichsten unter ihnen dies nur einer einzigen Sache zuschrieben.

Beziehungen.

Mit der größten Zufriedenheit blickten diejenigen auf ihr Leben zurück, die sich am meisten mit den Menschen verbunden fühlten, die sie liebten.

„Menschen, die mit ihrer Familie, mit Freunden oder Gemeinschaften verbunden sind, sind glücklicher, körperlich gesünder und leben länger als andere“, enthüllte die Studie. „Menschen, die einsamer leben, als sie wollen, sind weniger glücklich. Gesundheit und Hirnfunktion lassen schneller nach. Sie haben ein kürzeres Leben als solche, die sich verbunden fühlen.“

Wenn die Anziehungskraft technischer Geräte uns von Familie oder Gemeinschaft trennt oder uns davon abhält, einen Bekannten zu fragen, wie es ihm geht, oder einen Nachbarn zu grüßen, inszenieren wir damit nicht unsere eigene Unzufriedenheit? Fairerweise muss allerdings an dieser Stelle gesagt werden, dass es bei der Harvard-Studie um tiefere, enge Beziehungen geht, weniger um oberflächliche Bekanntschaften.

Doch selbst ein gelegentlicher Austausch beflügelt das Gehirn. Güte oder Hilfsbereitschaft scheinen anderen zugutezukommen – doch sie helfen auch uns selbst. Eine Tür für einen Fremden offen halten oder ein herabgefallenes Geldstück aufheben – selbst ein Lächeln beim Schlangestehen –, das kann chemische Prozesse hervorrufen, die zu guter Laune und Ausgeglichenheit führen.

Noch besser aber ist es, sich mit nahestehenden Menschen auszutauschen oder anderen sozialen Gruppen. Selbst wenn wir mit kleinen Schritten auf die Menschen in unserer Umgebung zugehen, wird die Gehirnaktivität angeregt – neue Verknüpfungen werden hergestellt. So entstehen noch mehr kleine Schritte, bis wir schließlich größere machen, die den Sinn für Verbindung entwickeln.

Denk an eine Person aus deiner Umgebung, mit der du gern mehr Kontakt hättest, die du näher kennenlernen und mit der du Zeit verbringen möchtest. Überrasche sie, indem du ihr eine Notiz schreibst, dir Zeit für ein Gespräch nimmst oder ihr sagst, warum du an sie denkst. Frag sie, was ihr gefällt und warum es ihr gefällt. Sag ihr, was du an ihr schätzt. Und noch besser: Unternehmt etwas zusammen, an das ihr euch beide gern erinnern werdet.

Damit tust du nicht nur etwas für die Beziehung, sondern auch für dein Gehirn – und das anderer –, indem du Momente schaffst, die den Grundstein für lebenslanges Glück bilden.

Den STECKER ziehen

Wir benutzen unsere Geräte zur Ablenkung und Unterhaltung. Wir benutzen sie, um die Arbeit zu umgehen, indem wir so tun, als würden wir hart arbeiten.

MEGHAN DAUM, AUTORIN, KOLUMNISTIN

Daten bestätigen, was wir ohnehin schon längst wissen: Technische Geräte bringen uns nicht die Leichtigkeit und das Glück, wie uns die Werbung verspricht. Das besagt die Studie eines Weltwirtschaftsforums:

Die User digitaler Medien verbringen oft mehr Stunden online als sie schlafen, doch nur 50 Prozent glauben, dass dies ihre Lebensqualität verbessert.

Fünf von sechs Usern gaben an, sie seien nicht sicher, ob der digitale Konsum positive Auswirkungen auf ihr Leben hat.

Allein der Gebrauch sozialer Medien betrug bei den Teilnehmern durchschnittlich 1,8 Stunden (30 Prozent der gesamten online verbrachten Zeit pro Tag).

Dieselbe Studie bestätigte, dass sich soziale Fähigkeiten und Empathie verringern, je mehr Zeit die Menschen online verbringen. So hat übermäßiger Bildschirm-Konsum weitreichende Auswirkungen auf das Privatleben und die Psyche. Stress, Anfälligkeit für Suchtverhalten und eine Abnahme körperlicher Aktivität korrelierten mit einer Zunahme der Zeit vor dem Bildschirm.

Durch eine repräsentative Umfrage kam ein Marktforschungsinstitut im Auftrag des Hightech-Verbands BITKOM (Bundesverband Informationswirtschaft, Telekommunikation und neue Medien) zu folgendem Ergebnis:

72 Prozent der Bundesbürger über 14 Jahre nutzen einen Computer. Bei den unter 30-Jährigen sind es sogar 97 Prozent.

Ein Fünftel aller Deutschen sitzt täglich bei der Arbeit oder zu Hause mindestens sechs Stunden vor dem Computer.

Bei den jungen Erwachsenen im Alter von 18 bis 29 Jahren sind es sogar mehr als ein Drittel, die über sechs Stunden täglich am Computer sitzen, bei den 30- bis 44-Jährigen mit 32 Prozent nicht viel weniger.

Wachsende Herausforderungen

Psychische Störungen, die es vor einigen Jahren noch gar nicht gab – zum Beispiel Internetabhängigkeit und Videospielsucht – sind nun medizinisch diagnostizierbar. Spezielle Behandlungszentren entstanden, um Menschen von ihrer Abhängigkeit zu befreien. In Deutschland besteht seit einigen Jahren die Möglichkeit, bei Internetsucht stationäre Aufenthalte und Rehabilitation in Anspruch zu nehmen.

Doch obwohl die Forschung zeigt, dass übermäßige Nutzung digitaler Medien kognitive Funktionen, Verhaltensentwicklung und sogar die geistige und körperliche Gesundheit beeinträchtigen kann, bleiben wir online.

Überall sehen wir die Zeichen. Jedes Jahr verletzen sich mehr als 10 000 Menschen bei Unfällen, weil sie beim Gehen auf ihr Handy schauen und abgelenkt sind. In einer schwedischen Studie wurde der häufige Gebrauch technischer Geräte unter jungen Erwachsenen mit weniger Schlaf, mehr Stress und Nachlassen der geistigen Gesundheit in Verbindung gebracht. Forscher in London fanden heraus, dass die Unterbrechungen durch Telefonate, Nachrichten und E-Mails bei der Arbeit den IQ genauso signifikant senken wie ein Marihuana-Rausch oder eine durchgemachte Nacht. Der durchschnittliche Amerikaner verbringt mehr als die Hälfte seiner Wachzeit vor dem Bildschirm.

Die Technik verändert unser Leben rasend schnell und in einer Art und Weise, die wir nicht vorhersehen können. Und alles, was das Leben verändert, hat eine ebensolche Wirkung auf das Gehirn.

Um beim technischen Vokabular zu bleiben: Wir werden gehackt.

Diese zunehmende Abhängigkeit trägt nicht gerade zu unserem Glück bei. Wie die Studie des Weltwirtschaftsforums zeigt, kann es sogar zu Beeinträchtigungen kommen. Es zählt nur die Effizienz, ermöglicht durch die Technik, was uns ein Multitasking-Dasein beschert. Wir haken eine Sache nach der anderen ab und gehen direkt zur nächsten über – ohne je Zeit für ein Lächeln zu haben.

Die Ironie ist, dass technische Geräte mehr Produktivität versprechen und sogar mehr Verbindung, sprich Zeit für die Menschen und Dinge, die wir lieben. In Wirklichkeit kann uns die ständige Online-Verbindung von echter Produktivität und natürlich auch von dem, was uns wichtig ist, entfremden. Viele von uns haben das Gefühl, heute weniger Zeit zu haben und jeden Moment zu brauchen, um Schritt halten zu können.

Der Fairness halber muss jedoch auch die andere Seite gesehen werden. Zu jeder Studie, die belegt, dass Technik unser Glück einschränkt, gibt es eine Gegenstudie und Beispiele von Menschen, die durch soziale Medien lang vermisste Freunde wiedergefunden oder Fördergemeinschaften gegründet haben, um andere mithilfe der Technik zu unterstützen.

Natürlich ist uns klar, dass die Technik auch auf vielerlei Art und Weise von Nutzen ist. Sie kann uns mit weit entfernt lebenden geliebten Menschen verbinden, wie kein Brief oder Telefon es vermag.

Und sie kann Gemeinschaften entstehen lassen, die Hilfe bieten, wenn wir in Not geraten oder etwas aufbauen wollen. Außerdem unterstützt sie uns, Arbeit, die uns wichtig ist, zu bewerkstelligen, zu gestalten und zu verbreiten. Die Technik hat viele Vorzüge, aber alles hat zwei Seiten, und das spüren viele von uns.

Nimm dir, was du willst …
UND BEZAHLE DAFÜR.

SPANISCHES SPRICHWORT

Aufmerksamkeitsdefizit

Wenn wir gewusst hätten, welchen Preis wir dafür zahlen müssen, als wir das erste Mal mit dem Finger über den verführerischen Bildschirm gestrichen haben, hätten wir einige Dinge vielleicht anders gemacht. In einer alternativen Realität mit besserem Verständnis hätten wir vielleicht einen anderen Umgang mit der Technik in unserem Leben gefunden – und wir wären ruhiger, zielgerichteter, verbundener und kontrollierter.

„Die meisten Menschen", behauptet Schriftsteller und Lehrer Darius Foroux, „nutzen Technik nicht, sie werden *von* ihr benutzt."

„Apps, Spiele, Videos, Beiträge, Werbung und Fernsehshows sind dazu gemacht, um deine Aufmerksamkeit zu bekommen", fährt er fort. „Ohne es zu merken, verbringst du jede Woche unzählige Stunden damit. Deine Aufmerksamkeit ist an allen möglichen Orten, nur nicht am richtigen."

NIRGENDS ist, wer ÜBERALL ist.

SENECA

Die unglaubliche Plastizität des Gehirns – seine Fähigkeit, augenblicklich Verbindungen aufzubauen, sobald Chemikalien gebildet werden – erlaubt es ihm, sich quasi in Echtzeit an Veränderungen anzupassen. Indem wir ein solches „Update" vornehmen, können sich neue Formen des Handelns in gewohnte Abläufe verwandeln.

Das Gehirn ist jedoch nicht für solch lange Zeiten geschaffen, die wir mit technischen Geräten verbringen, und wie sich diese auf unsere Wahrnehmung und unser Belohnungssystem auswirken. Unsere Gehirne haben das biologisch betrachtet einfach nicht kommen sehen.

Tief in uns fühlt sich irgendetwas falsch an. Es ist, als ob eine leise Stimme sagt: *Eigentlich hatte ich mir das anders vorgestellt.*

Vielleicht hast du das Gefühl, dass die Technik dich im Griff hat statt umgekehrt. Oder du fragst dich am Abend, was du eigentlich den ganzen Tag lang gemacht hast.

Möglicherweise hast du am nächsten Morgen auch Schwierigkeiten, dich in der Realität zurechtzufinden.

Wie es schon vielen von uns passiert ist, verabschiedest du dich vielleicht frühzeitig von einem Freund und stellst dann fest, dass keiner von euch wirklich anwesend war und wirklich zuhörte, als der andere etwas gesagt hat.

Damit bist du nicht allein. Auch anderen ergeht es so, und leider wird es nicht besser.

Und womöglich passiert dir das sogar zu Hause mit einem geliebten Menschen.

Richtungswechsel

Ablenkungen gehörten schon immer zum menschlichen Leben. Und das hat auch seine guten Seiten. In den frühen Tagen der Menschheit konnte eine Ablenkung den Tag versüßen oder sogar Leben retten. Wenn man von einer Beschäftigung aufschaut, erkennt man vielleicht neue Gelegenheiten oder entdeckt den Glanz eines seltenen Steins auf dem Boden. Vielleicht half uns einst eine Ablenkung dabei, besonders schöne Momente zu teilen und zu genießen, wenn zum Beispiel ein farbenfroher

Vogel vorbeiflog. Ablenkbarkeit hat uns ohne Zweifel auch vor lauernder Gefahr gewarnt und in Kampf- oder Fluchtbereitschaft versetzt, wenn wir etwa ein Rascheln im Gras vernommen haben.

Sie ist Teil des Lebens, hilfreich im Überlebenskampf und eine Möglichkeit, Spaß zu haben. Eine kleine Pause kann das Gehirn beruhigen, uns erfrischen und glückliche Zufälle ermöglichen.

Aber wir scheinen zu viel des Guten zu besitzen. Und nichts in der Menschheitsgeschichte hat uns oder unser Gehirn auf die sorgfältig verborgene Falle vorbereitet, in welche die Technik uns lockt.

Gehackt werden

Ständige Online-Ablenkungen und Unterbrechungen verändern das Gehirn – und zwar nicht gerade im Hinblick auf Können und Zufriedenheit. Nach Darius Foroux funktioniert dies über das Design. Bücher und Workshops lehren User-Experience-Designer, die Gehirnfunktionen

Aufmerksam sein, das ist unsere NIE ENDENDE und wahre AUFGABE.

MARY OLIVER, DICHTERIN

zu verstehen – umso besser können sie die Trigger- und Belohnungsmechanismen der Chats, Sharings, Likes, Loves, Tweets, Aktualisierungen, Upgrades und OMGs steuern.

Das sind nämlich die Belohnungen, auf die sie *selbst* es abgesehen haben, und sie verfügen über das Know-how, das zu bekommen, was sie wollen. Unser Gehirn wird durch seine eigenen Fähigkeiten blind gemacht. Was als Spaß beginnt, kann durch Dopaminköder zu Gehirnreaktionen und -verknüpfungen führen, die nach immer mehr verlangen.

Ablenkung führt nicht zu Können und Zufriedenheit. Zu viel des Guten – sei es Schokolade, der Lieblingsfilm oder das ausschließliche Fokussieren auf Genussmomente – ist schnell überhaupt nicht mehr gut.

„Sie saugt unsere Lebensqualität aus“, meint der Schriftsteller und Dozent an der New York University Jonathan Safran Foer. „Je abgelenkter wir sind, desto mehr Wert legen wir auf Schnelligkeit statt Tiefe … desto weniger können und wollen wir uns kümmern … Ich habe mich selbst einmal dabei erwischt, wie ich meine E-Mails checkte, als ich meine Kinder badete. Ich surfe im Internet, wenn mir beim Schreiben nicht auf Anhieb eine gute Formulierung einfällt. An schönen Tagen gehe ich extra in den Schatten, um auf mein Handy sehen zu können.“

Manchmal benutzen wir der Einfachheit halber die Technik – was wir vielleicht gar nicht unbedingt wollen. Wir haben uns daran gewöhnt, jederzeit Informationen zu erlangen. Aber sind wir sicher, dass diese einfachen Lösungen uns glücklicher machen?

„Wir Verbraucher vergessen“, fährt er fort, „das Technik immer … bestimmte Auswirkungen hat … Aber erfolgreiche Unternehmen nicht. Sie erinnern sich und profitieren enorm. Zu unseren eigenen Ungunsten vergessen wir, wer wir sind.“

Der leichte, unbegrenzte Zugang lässt uns klicken, liken und „nur noch eine Folge“ schauen. Das flüchtige Vergnügen, das wir bei diesen

Meine Frau und ich überlegten, ob wir vor der Geburt unseres ersten Kindes dessen Geschlecht erfahren wollten. Mein Onkel, ein Gynäkologe, der über 5000 Babys zur Welt gebracht hatte, sagte: „Wenn du es von einem Arzt erfährst, der auf den Bildschirm schaut, dann ist es eine Information. Wenn du es im Moment der Geburt erfährst, ist es ein WUNDER.“ Wir befolgten seinen Rat … und ER HATTE RECHT.

JONATHAN SAFRAN FOER,
SCHRIFTSTELLER UND DOZENT

Dingen wie bei einem Tequila-Shot empfinden, gibt uns nicht das, was wir eigentlich wollen. Was einmal eine gute Idee schien, verwandelt sich nicht zwangsläufig in Glück.

Zurückhacken

Ablenkung, insbesondere, wie sie durch die Technik erfahren wird, kann das Gehirn beeinträchtigen. Aber wenn wir unser Gehirn verstehen und mit ihm arbeiten, haben wir die Möglichkeit, zurückzuhacken.

Das erfordert Mühe und eine klare Absicht: die Arbeit des Beobachters. Es heißt nicht, die Technik abzuschaffen oder die Uhr zu einfacheren Zeiten zurückzudrehen. Selbst wenn wir könnten, würden wir das nicht tun.

Aber wenn wir das mächtigste Instrument der Welt, das 1,5-Kilogramm-Wunder, das wir immer dabeihaben, verstehen, können wir selbst entscheiden – sogar direkt –, was wir wirklich wollen.

Wenn du nicht auf der Suche nach einem schnellen Vergnügen bist, wenn du den Drang nach Selbstbeherrschung verspürst oder du dich zu etwas Tieferem hingezogen fühlst – Gratulation. Dann bist du bereit, den Stecker zu ziehen, zumindest manchmal. Du kannst lernen, dich den äußeren Verlockungen und automatischen Reaktionen zu entziehen.

Im Gegenzug wirst du Konzentration und Beherrschung erlernen. Du findest einen tieferen Sinn und wirst die Ruhe genießen, ohne Unterbrechungen, nach deinen eigenen Vorstellungen. Du kannst eine andere Form des Vergnügens finden, neue Verbindungen und neue Techniken, um zu wahrer Zufriedenheit zu gelangen.

Oder du kehrst dorthin zurück, wo du jetzt bist, aber mit größerer Achtsamkeit und Klarheit.

Beherrsche DEINEN GEIST

Achte darauf, womit du deine Träume nährst. Gießt du sie mit Sorgen und Angst, werden sie Unkraut hervorbringen, das alles Leben in deinem Traum erstickt. Gießt du sie mit Optimismus und Lösungen, dann züchtest du Erfolg. Sei immer offen für Wege, ein Problem in Erfolg zu verwandeln. Sei offen dafür, deinen Traum zu nähren.

LAOTSE, CHINESISCHER GELEHRTER, PHILOSOPH

Das Gehirn zu beherrschen bedeutet, sich zu fokussieren – den Lärm abzustellen, sich Herausforderungen zu stellen und die Widerstände zu überwinden.

Fokussierte Arbeit statt Ablenkung? Das ist wie der Vergleich zwischen einer Tiefenmassage und einem Klaps auf den Rücken.

Beides hat seine Berechtigung. Aber selbst noch so viele Klapse auf den Rücken können das Gefühl von „Ahhhhhh“ bei festem Druck auf verkrampfte Muskeln, die sich entspannen, nicht ersetzen.

Fokussierung ist jedoch mit Arbeit verbunden. Dagegen leisten wir Widerstand, und ein an Ablenkung gewöhntes Gehirn umso mehr.

Das Gehirn manipuliert unseren Verstand. Wir tendieren dazu, erfolgreiche Menschen als glücklich, begabt oder einfach nur am richtigen Ort geboren zu betrachten. Natürlich beeinflussen externe Faktoren jedes Schicksal. Ein geeignetes Umfeld, Lehrer oder gute Gelegenheiten begünstigen den Erfolg mancher Menschen.

Doch viel öfter geht es um *Übung:* Fokussierung, Gewissenhaftigkeit und Hingabe, Wachstum und Belastbarkeit. Um mit den Ablenkungen fertigzuwerden, die uns von unseren Zielen abbringen.

„Glück?“, antwortet Tennisstar Serena Williams auf die Frage nach ihrer unvergleichlichen Karriere. „Glück hat damit nichts zu tun, denn ich habe viele, unzählige Stunden auf dem Court verbracht, um auf den einen Moment hinzuarbeiten – ohne zu wissen, wann er kommt.“

In ihrer Antwort steckt viel Wahrheit. Wenn Glück etwas mit Zufriedenheit zu tun hat, woher sollen wir wissen, ob (oder wie) wir unsere Ziele überhaupt erreichen? Was, wenn nicht? Wenn uns jemand zuvorkommt oder die Regeln sich ändern, bevor wir gewinnen?

Es ist den Versuch nicht wert, könnte uns das Unterbewusstsein sagen. Vorher hat es ja auch nicht funktioniert. Warum sollte es jetzt klappen?

Dieser unbewusste Modus hat natürlich auch seine Berechtigung: Schließlich können wir nicht immer wissen, ob sich schwere Arbeit auszahlen wird. Wir fragen uns, ob die Belohnungen auf lange Sicht die Kompromisse des Augenblicks wert sind. Vielleicht ist das der Grund, warum wir so leicht ablenkbar sind.

Sicher weißt du – oder fühlst du, ohne es erklären zu können –, dass viele kleine oberflächliche Aufgaben niemals solche Zufriedenheit bringen wie die Erledigung von Dingen, die wirklich zählen. Wenn dich jemand fragt: „Was hast du heute so gemacht?“, und deine Antwort lautet „gemailt“ oder „nichts“, befriedigt das weder dich noch das Verlangen des Gehirns nach sinnvoller Arbeit.

Dennoch können E-Mails oder eine lange Liste von Ablenkungen, die sich mit dem Wort „nichts“ zusammenfassen lassen, unsere Zeit ausfüllen, verkleidet als tägliche Arbeit.

Doch wir wollen *mehr:* etwas Tieferes, das sich richtig anfühlt, etwas Sinnvolles. Etwas, das zu Erfüllung und Meisterschaft führt, zu einer intensiveren Form des Glücks.

Die gute Nachricht ist, dass wir dies tatsächlich finden können. Dafür benötigen wir jedoch neue Methoden und müssen alte aufgeben. Und wie bei allem Wertvollen ist auch hier Arbeit erforderlich.

L*E*R*N*E*,

INDEM DU NEUE GEWOHNHEITEN IN ALTE STRUKTUREN EINBAUST

Reichtum findet ein Ende, wenn man ihn verwendet; beim Lernen aber vermehrt sich das Gelernte.

SUAHELI-SPRICHWORT

Die Neugier der Kindheit, durchgelernte Nächte vor der Abschlussprüfung am Ende der Schulzeit und schließlich die panische Frage „Wo ist nur mein Schlüssel?" des Erwachsenenlebens – das Gehirn verarbeitet Informationen auf immer neue Weise.

Manches funktioniert besser als anderes. Ein Versuch: Woran erinnerst du dich eher? An das erste Mal, als du im Schnee gespielt hast – oder an die Details einer großen Schlacht, die etwa 300 Jahre v. Chr. stattfand?

Die meisten Menschen denken bei dieser Frage an den Schnee. Wenn du dich eher an die historischen Details erinnerst, dann fällt dir vielleicht die Schlacht bei Issos ein.

Aber wahrscheinlich kannst du dir nicht den kompletten Zusammenhang ins Gedächtnis rufen, wer gegen wen gekämpft hat und was der Auslöser war. Du erinnerst dich nur an diesen Spruch „drei, drei, drei, bei Issos Keilerei", der dich aus dem Geschichtseinerlei aufgeweckt und sich durch den markanten Reim in schon vorhandene Aufzeichnungen deines Gehirns eingeprägt hat. Und, *voilà*, viele Jahre später taucht der Spruch wieder auf.

Dieses Beispiel zeigt, wie Lernen wirklich funktioniert – es baut auf das bereits im ganzen Leben Gelernte auf. Dabei gelangen multisensorische Informationen in ein noch größeres, schon vorhandenes Spektrum, das bestimmte Themen – wie etwa Humor – betrifft.

Das gilt vor allem für die Kindheit. Denk an dein erstes Erlebnis im Schnee. Das unerwartete Einsinken in die weiße, eisige Decke, der Anblick herabfallender Schneeflocken, das leichte Kitzeln von Schnee auf den Wangen, vielleicht auch das Stapfen durch den Schnee in viel zu großen Boots. Neue Erfahrungen prägen lebendige Bilder in das junge Gehirn. Sie bilden die Grundlage für künftige, darauf aufbauende Erinnerungen.

Gedächtnischampions nutzen multisensorische Assoziationen, um ihr Erinnerungsvermögen zu verbessern. Als Wissenschaftler die Gehirne professioneller Gedächtniskünstler beim Erlernen neuer Muster scannten, beobachteten sie etwas Außergewöhnliches.

„Gedächtniskünstler haben verschiedene Teile ihres Gehirns aktiviert“, erklärt der Gedächtnisexperte Joshua Foer. „Sie scheinen Gehirnareale zu nutzen, die für räumliche Erinnerung zuständig sind.“

Foer verwendet die sogenannte Gedächtnispalast-Technik zum Memorieren. Er verbindet aktiv visuelle Vorstellungen mit derbem Humor, aktuellen Ereignissen und Bewegungen, um neue Gedanken schnell mit so vielen schon bestehenden Aufzeichnungen des Gehirns wie möglich zu verknüpfen. Er bezieht also sensorische und erfahrungsbezogene Areale mit ein, um das Gelernte zu verankern.

Diese Technik lässt sich nutzen, um das Gedächtnis zu schulen. Wenn wir zum Beispiel neue Informationen, Gewohnheiten oder Standpunkte aufnehmen und kodieren wollen, können wir mit dem Gehirn zusammenarbeiten, um eine größere Effizienz zu erzielen.

Hier erfährst du wie.

1 LEITGEDANKEN: Benenne, was dein Gehirn tun soll: „Lass uns diese Gewohnheit übernehmen“, oder „bis heute Abend kann ich zehn neue Vokabeln“. Das erhöht die Aufmerksamkeit des Gehirns und richtet sie auf eine Aufgabe. Zudem wird es darauf vorbereitet, sich mit vorhandenem Wissen zu verbinden. Ein Vorhaben zu benennen, fördert die Ausschüttung von Chemikalien, sodass neue Verknüpfungen geschaffen werden können.

2 ERGEBNIS: Stell dir das positive Resultat vor, das die erlernte Gewohnheit oder das neue Wissen beinhaltet. Dann sprich

darüber, visualisiere das Ergebnis. Das tun beispielsweise Athleten, um sich auf außergewöhnliche Ziele vorzubereiten. Trainiere dich selbst wie einen Freund auf ein Ziel hin. Und spende dir Lob, wenn du ihm jeden Tag ein Stückchen näherkommst. Bist du bereit für das nächste Level? Lade deinen Beobachter ein. Die Stärkung durch das höhere Selbst ermutigt das Gehirn, neue Erfahrungen zu machen. Es kann sogar die Aktivität in deinem PFC verstärken, wenn du Fortschritte mit Achtsamkeit und mit der übergeordneten Zielsetzung verbindest, an der du arbeitest.

3 RESTRUKTURIEREN: Baue mentale Brücken von neuen Informationen und Handlungsmöglichkeiten zu bereits vorhandenen Aufzeichnungen des Gehirns. Wenn es um neue Angewohnheiten geht, empfiehlt der Verhaltenswissenschaftler B.J. Fogg: Fang klein an und verbinde das Neue mit etwas, das du schon kennst. Wenn du dich beispielsweise besser organisieren möchtest, schreib dir deine täglichen Prioritäten immer dann auf, bevor du morgens die Starttaste der Kaffeemaschine drückst. Möchtest du deine Computer-Gewohnheiten ändern? Klappe den Laptop stets zu, bevor du abends die Zahnseide verwendest.

Sobald die kleinen Veränderungen stattgefunden haben, kannst du sie immer weiter ausbauen, sodass sich schließlich eine neue Gewohnheit etabliert.

Wenn du neues Wissen aufbauen möchtest, assoziiere einen Gedanken mit visuellen Vorstellungen oder solchen aus anderen Gehirnzentren. Bewege dich beim Visualisieren, reime oder suche nach etwas Ähnlichem, bereits Bekanntem und verbinde die einzelnen Fäden miteinander. Auf diese Weise wird bestehendes Wissen mit neuem verknüpft.

4 NOCH MAL! Durch Wiederholung lernt man schneller. Auf diese Weise ließe sich das Gehirn sogar davon überzeugen, Fakten durch die ständige Aufnahme von Unwahrheiten zu ersetzen (Wahrheitseffekt). Wiederholungen beim Lernen kannst du auf verschiedene Weise praktizieren: zum Beispiel, indem du es aufschreibst oder mit einem Freund darüber sprichst, mit dir selbst oder sogar mit dem Hund. Sollte dein Gedächtnis nachlassen – keine Sorge. Am besten fängst du von vorn an, damit das Gehirn noch einmal neue Verknüpfungen auf- und ausbauen kann. Bleib dran! Wiederholung ist der Klebstoff.

5 EINSCHLAFEN: Während des Schlafs ist das Gehirn eingeschränkt. Informationen, die tagsüber aktiv zum Einsatz kommen, werden erhalten, andere verschwinden – langsam aber sicher.

Wenn du etwas im Gedächtnis behalten möchtest, solltest du darauf achten, dass es nicht über Nacht verloren geht. Rufe es dir abends am besten noch mal ins Bewusstsein und visualisiere es vorm Einschlafen. Wenn andere Gedanken aufkommen, ersetze sie durch das, was du dir merken möchtest. Versuche dich in den letzten Sekunden des Wachzustands an folgende drei Dinge zu erinnern: das wichtigste Ziel für den nächsten Tag, einen langfristigen Plan und was dir am heutigen Tag am besten gefallen hat. So lässt sich das übliche abendliche Gedankenwirrwarr vertreiben; ein Gefühl von Friede und klaren Vorsätzen kann entstehen. Am nächsten Morgen bist du bereit, dich auf wichtige Ereignisse zu fokussieren und dem Tag gelassen entgegenzusehen.

Lernen ist eine Gehirnaktivität, die eine Reihe von Glückschemikalien hervorbringt, aber auch Stress erzeugen kann. Nur mit

Geduld verwandelt sich das Neue in etwas Bekanntes und Einfaches. Stresschemikalien wie Cortisol können die Aktivität des Gehirns in bestimmten Arealen einschränken, indem sie den Gebrauch multisensorischer Bilder reduzieren. Sei dir selbst ein Freund oder ein hilfreicher Coach. Lade deinen Beobachter zum Zuhören ein. So erreichst du nicht nur deine Lernziele, sondern baust auch ein ganzes Netzwerk auf, das weitere Fortschritte begünstigt.

Konzentration

Wir Menschen sind Problemlöser. Mithilfe unserer Intelligenz konnten wir in unserer Umwelt überleben. Wir haben gelernt, Spuren zu lesen und Körbe zu flechten. Wir haben unsere Heilmethoden verbessert und uns Jahr um Jahr Wissen über die Jahreszeiten und die Sterne angeeignet.

Einst wurde das Gehirn durch Konzentration und sorgfältiges Arbeiten geprägt. Um eine perfekte Pfeilspitze herstellen zu können oder um herauszufinden, welche Blätter bei Kopfschmerzen helfen (oder alles schlimmer machen), war Zeit, Sorgfalt und Technik erforderlich.

Natürlich gab es auch immer schon Ablenkung – notwendigerweise. Das Überleben hing nämlich davon ab, ob wir ein Rascheln im Gras bemerkt haben. Unsere Gesellschaftsordnung entwickelte sich, indem wir Bräuche schufen oder über die Faulpelze aus dem Dorf lachten.

Aber wir sind nicht dazu geschaffen, ständig von einer kurzfristigen leichten Aktivität zur nächsten zu springen, wie Frösche das tun. Die Art von Glück, die wir anstreben, resultiert aus einer tieferen Zufriedenheit – und dafür müssen wir arbeiten.

Wahrscheinlich hätten wir nicht überlebt, wenn unsere Vorfahren dem Ansturm heutiger Ablenkungen ausgesetzt gewesen wären. Ein Beispiel? Ein Fußgänger, der beim Schreiben von SMS-Nachrichten nicht mal bemerken würde, wenn ihm ein riesiger Wookiee zuwinkt, ist mit einem Urzeitmenschen vergleichbar, der wegen ständigem Klicken und Daddeln einen Säbelzahntiger übersieht. Der Rest wäre, wie man so schön sagt, Geschichte.

Deep Work – große Aufgaben

Für eine Prüfung lernen, größere Projekte realisieren, langfristige Ziele im Auge behalten, selbst so einfache Dinge wie Gartenarbeit: Wir möchten es tun … und würden es gern tun … oder glauben, es tun zu müssen.

Und doch finden wir einen Weg, Pläne nicht in die Tat umzusetzen.

Geht es uns dabei gut? Nein. Wir haben uns kurzfristig amüsiert, aber fühlen uns schuldig, weil wir eigentlich etwas anderes vorhatten.

Und das andere ist immer noch da – auch wenn die Party vorbei ist.

SEI REALISTISCH

Denk mal darüber nach, warum du dich von Dingen ablenken lässt, die deine Zeit in solchem Ausmaß in Anspruch nehmen. Was bringt dir das? Ist das Ergebnis wirklich den Preis wert, den du bezahlst?

„Wir fangen gerade erst an, uns um die Kosten der ständigen Ablenkungen zu kümmern“, meint einer der erfolgreichsten Blogger der Welt, Andrew Sullivan. „Wenn wir überhaupt bereit sind zu akzeptieren, dass es Kosten gibt.“ In seinem Artikel *I Used to Be a Human Being* („Ich war einmal ein Mensch“) warnt er „vor einem endlosen Bombardement von Nachrichten, Klatsch und Bildern, das uns zu manischen Informationssüchtigen gemacht hat. Es hat mich gebrochen. Dich kann es auch erwischen.“

Wenn man weiß, *warum* man etwas tut, kann man eher entscheiden, *was* man machen will und *wie*. Das Wissen darum, welche Gewohnheiten oder Gedanken den Dingen im Wege stehen, die man wirklich beherrschen möchte, führt dazu, alte Verknüpfungen zu trennen und neue aufzubauen.

BELOHNE DICH DURCH VISUALISIERUNG

Wenn Dopamin uns motiviert, Ziele zu erreichen, und Serotonin uns dafür belohnt, warum schütten wir dann nicht beide aus?

Eine Möglichkeit besteht darin, das Resultat einer großen Anstrengung zu visualisieren. Schließlich funktioniert das so bei Sportlern. Schon in einem frühen Stadium werden sie dazu angehalten, sich selbst als Gewinner zu sehen. Sie stellen sich sowohl den Trainingsablauf als auch verschiedene Anforderungen und ihren Sieg bildlich vor. Wenn sie sich dem Startblock nähern, sehen sie vor ihrem inneren Auge jeden Schritt.

Das kannst du auch tun. Bei der Vorbereitung unterteile dein Vorhaben in einzelne Schritte. Anschließend visualisiere sie. Wie soll der Lebenslauf wirken, wenn du ihn fertiggestellt hast? Wie wird die Garage aussehen, wenn sie endlich aufgeräumt ist? Durch das Visualisieren werden biochemische Prozesse im Gehirn angeregt, die den Reiz der Ablenkungen – der üblichen Belohnung – abschwächen.

Erkenne die Kernfaktoren, die in deinem beruflichen und persönlichen Leben ERFOLG und GLÜCK bestimmen. Setze Hilfsmittel nur dann ein, wenn ihre POSITIVE Wirkung die negative erheblich überwiegt.

CAL NEWPORT, PROFESSOR AN DER GEORGETOWN UNIVERSITY, PRÄGTE DEN BEGRIFF „DEEP WORK“

ICH BIN DER GRÖSSTE. Das habe ich schon gesagt, bevor ich wusste, dass ich es bin.

MUHAMMAD ALI, BOXWELTMEISTER
G.O.A.T (GREATEST OF ALL TIME:
„DER GRÖSSTE ALLER ZEITEN")

ENTSCHEIDE, WAS *WICHTIG* IST

Kaum jemand hat Lust, die Garage aufzuräumen. Aber man kann diese Aufgabe mit etwas Positivem verbinden – Platz schaffen für die Fahrräder, ein Malatelier einrichten, Tante Hannelores verschollene Schmetterlingssammlung suchen – und schon bekommt die Sache einen Sinn.

So funktioniert auch Deep Work. Wenn man sich beispielsweise bewusst macht, dass ein Projekt dem ganzen Team dabei hilft, seine Ziele zu verwirklichen, oder dass man sich durch eigene Arbeit einen Ort schafft, den man liebt, dann ändert sich auch die Einstellung zu dieser Tätigkeit. Widerstände, vielleicht sogar regelrechter Widerwille werden schwächer. Man sieht den Zusammenhang und weiß, wofür man sich anstrengt. Und das bietet gleichzeitig Schutz vor Ablenkung.

HERAUSFORDERUNG ALS CHANCE

Du liest dieses Buch, weil du glücklicher werden willst? Weil du dich nicht so fühlst, wie du es dir wünschst? Sicherlich gibt es Momente, in denen du denkst: „Das gewöhne ich mir nie ab", oder: „Wann habe ich endlich Zeit dafür?"

Ah – Widerstand. Diese Tendenz scheint typisch zu sein für das Gehirn, und der Ausstieg aus Automatismen kostet einige Anstrengung.

Die Begeisterung für eine Herausforderung ist der erste Schritt auf dem Weg zum Ziel. Wenn man an einem Marathon teilnehmen oder die Passgenauigkeit verbessern möchte, ist bekanntermaßen Anstrengung erforderlich.

Dasselbe gilt fürs Gehirn. Freu dich so darauf, als würdest du schon die Ziellinie überqueren oder den Pass und den Sieg genau sehen. So wirst du stärker! Produktiver! Baue mentale Stärke auf. Verknüpfe die Neuronen, sodass sich Veränderungen leichter bewerkstelligen lassen. Betrachte Herausforderungen als Chance: Finde dauerhafte Erfüllung, indem du etwas Neues meisterst. Allein der Gedanke daran kann die Macht der Ablenkungen schwächen.

VORBEREITUNG

Bist du gerade mit einer größeren Aufgabe (Deep Work) beschäftigt? Mach dir einen Plan. Verschaffe dir einen Überblick und setze Pausenzeiten fest. Bereite deinen Arbeitsbereich wie für ein Ritual vor. Das musst du nicht immer wieder tun, aber der Aufwand ist nicht groß und hält Ablenkungen fern, sodass du dich ganz deiner Aufgabe widmen kannst.

Jeder Kapitän weiß, dass der Weg zum Erfolg einer gründlichen Vorbereitung bedarf. Das Leben von Polarforscher Ernest Shackleton war durch Ruhelosigkeit und Misserfolg gekennzeichnet; seine größte Stärke lag in der Vorbereitung. Diese Vorausschau zahlte sich aus, nachdem seine Antarktisexpedition 1500 Kilometer vom Kurs abkam und die *Endurance* zehn Monate später schließlich vom Packeis zerdrückt wurde. Sein Organisationstalent und nahezu zwanghaftes Planen hat seiner Besatzung von 28 Seeleuten das Leben gerettet. Sonst hätten sie es nicht mehr nach Hause geschafft.

DIE OBERHAND GEWINNEN

Noch einmal: Die Dinge, die uns ablenken, sind oft genau dafür *gemacht* worden. Apps, Spielautomaten, Videospiele, Werbung, politische Kampagnen, Fernsehserien. Die Menschen, die sie kreieren, sind Experten für „Köder", die in unserem Gehirn das Verlangen nach Dopamin auslösen. Sie wissen, wie sie uns kriegen und zum nächsten Mausklick bewegen können. Oft benutzten sie dafür wissenschaftliche Erkenntnisse. Doch wir können unsere eigenen Erfahrungen benutzen, um ihnen zu widerstehen!

Verändere zunächst deine Gedanken, indem du aufhörst, dich selbst zu beschuldigen oder zu kritisieren. Statt: „Ich bin leicht abzulenken", sage dir: „Diese App wurde entwickelt, um mich abzulenken, damit ich immer weitermache." Das ist kein Vorwurf gegen die Technik (oder das Casino, die Fernsehshow oder etwas, bei dem du das Gefühl hast, dass es über dich bestimmt). Wenn du dich selbst als Opfer siehst, hilft es dir nicht, Gewohnheiten zu durchbrechen.

Was du tust, liegt in deiner Hand. Durch diese Erkenntnis siehst du deine Umgebung objektiver. Halte dich an die oben beschriebenen Schritte. Das motiviert dich mehr als jede Werbung, dieses Spiel oder jene Serie. Solche Dinge mögen gut sein … aber du bist besser.

SCHRITT FÜR SCHRITT

Nur wenn du schrittweise vorgehst, kannst du etwas bewirken. Im Jahr 1983, als Steve Jobs sich leidenschaftlich auf die Entwicklung seines ersten Mac konzentrierte, schickte er jedem Teammitglied eine ausgedruckte Seite für den Schreibtisch – mit einer deutlichen Botschaft:

> **Wie trägt die Entscheidung, die du in diesem Moment triffst, dazu bei, dass am 24. Januar 1984 der beste Computer aller Zeiten präsentiert werden kann?**

Diese Botschaft veranlasste sein Team dazu, jeden Schritt wichtig zu nehmen. Mikroentscheidungen und der stetige Aufbau kleiner Schwerpunkte prägen den Weg zum Erfolg. Jeder Moment bedeutet eine Entscheidung: Nach vorn blicken oder wegschauen? Das Richtige oder das Einfache tun? Die meisten von uns kennen das Gefühl, sich für das Letztere entschieden zu haben.

Die REISE ist die BELOHNUNG.

STEVE JOBS

BLEIB DRAN
Die Ablenkungen des modernen Lebens haben uns im Griff. Neue Wege zu erlernen ist mühsam, darum mögen die ersten Schritte in Richtung Veränderung fruchtlos oder frustrierend erscheinen.

Geh trotzdem weiter – Widerstand ist Teil des Prozesses. Sieh ihn als das, was er ist: keine Sackgasse, sondern eine Straßensperre, die du umgehen kannst. Arbeite dich weiter vorwärts und erinnere dich: „Es ist normal, dass dies mit Schwierigkeiten verbunden ist", oder: „Natürlich fühlt es sich anders an, wenn ich mich nicht so leicht ablenken lasse, aber schließlich arbeite ich für eine größere Belohnung."

Multitasking

Sorry, aber Multitasking ist Schwindel. Wenn du meinst, dass du mehrere Dinge gleichzeitig gut tun kannst, dann bist du wahrscheinlich gut in diesen Dingen:

AUFGABENWECHSEL

Du bist besonders erfolgreich darin, problemlos zwischen verschiedenen Gehirnfunktionen umzuschalten? Wenn das der Fall ist, Gratulation. Aber betrüge dich nicht selbst. Der Wechsel von einer Aktivität zur anderen belastet das Gehirn und verursacht Müdigkeit, Unsicherheit und Unruhe – ist also eher kein Weg zum Glück. Das Durchsehen von E-Mails oder der kurze Blick in die „Likes“ scheint nur einen Moment zu dauern, aber du bezahlst dafür mit Zeit und Aufmerksamkeit, wenn dein Gehirn zu dem zurückfinden muss, was du vorher getan hast.

GLEICHZEITIGKEIT

Du bist in der Lage, scheinbar unzusammenhängende Dinge zu einem Gesamtbild zusammenfassen?

Den Arzt anrufen, das Fläschchen erwärmen, die Schlüssel suchen und sich passend anziehen, um in den Regen hinauszugehen – diese Tätigkeiten gehören zum Gesamtbild „Was ist mit dem Baby los?“, und das Gehirn kann sie gleichzeitig erledigen.

Aber dies ist, was das Gehirn betrifft, mit großem Aufwand verbunden. Eine solche Abstimmung findet nämlich im PFC statt, der glukose- und sauerstoffhungrigen Region. Nach kurzer Zeit, in Ausnahmefällen auch etwas länger, sind wir erschöpft.

In dem hier beschriebenen Fall sollte man besonders vorsichtig fahren, denn ein ermüdeter PFC kann komplexe Informationen nicht gut integrieren. Und man darf sich nicht wundern, wenn man das Kind schließlich völlig erschöpft oder gereizt wieder nach Hause bringt. Die Bewältigung komplexer Aufgaben ist besonders in Stresssituationen eine enorme Herausforderung.

Bei Routinetätigkeiten jedoch ist Multitasking durchaus möglich. So können wir zum Beispiel gleichzeitig gehen und Kaugummi kauen.

Körperliche Routinebewegungen lassen sich mit bestimmten mentalen Aufgaben verbinden. Dies bleibt jedoch nicht ohne Folgen, wie der Anstieg von Unfällen durch Ablenkung beim Fahren (oder Gehen!) zeigt.

Forscher der Harvard University fanden heraus, dass Autofahrer, die mehrere Dinge gleichzeitig tun, sich ebenso wie solche unter Alkoholeinfluss verhalten – sie scheren aus, bremsen zu spät und fahren zu dicht auf. Während der Fahrt zu telefonieren, ist genauso gefährlich, wie betrunken Auto zu fahren. Denk an dein Gehirn. Nutze dein Wissen nicht nur, um dich zu konzentrieren, sondern auch, um die Sicherheit zu erhöhen.

Tägliche Achtsamkeit

Begrüße die Stille und stimme dich ganz auf innere Ruhe ein. Den Geräuschpegel auszublenden ist eine der besten Möglichkeiten, um das Gehirn zu fokussieren. Ruhe und Stille können Licht auf die innersten Bedürfnisse werfen: unsere Ziele, unsere Prioritäten und das, was uns Freude macht.

Bei der Meditation geht es nicht darum, Gedanken auszuschalten, sondern mit ihnen umzugehen. Wir lernen, sie nicht zu jagen und uns von ihnen nicht jagen zu lassen – was im Alltag schnell passieren kann. Das Bewusstsein, der Beobachter, die Aufmerksamkeit – wie auch immer – wird auf unsere Gedanken und Handlungen gerichtet.

Diese Praxis kann sehr verschieden aussehen, aber immer geht es darum, die Achtsamkeit mit ins tägliche Leben zu nehmen.

Atmung

Bei der Meditation steht oft der Atem im Mittelpunkt. Achtsames Atmen, so stellte sich heraus, verändert das Gehirn. Christina Zelano, Professorin an der Northwestern's Medical School, hat herausgefunden: „Bei der Gehirnaktivität gibt es enorme Unterschiede ... zwischen der Einatmung und der Ausatmung.

Beim Einatmen, stellten wir fest, werden Neuronen im olfaktorischen Cortex, in der Amygdala, im Hippocampus und im limbischen System stimuliert“, erklärt Dr. Zelano. „Beim Einatmen synchronisiert man Gehirnschwingungen des limbischen Systems.“ Ihre Untersuchungen zeigen, dass der Atemrhythmus Auswirkungen auf Gehirnareale hat, die Emotionen und Erinnerungen verarbeiten.

Ziel der Achtsamkeit ist, die Aufmerksamkeit zu schulen – und das kann man überall tun. Konzentriere dich beim Kochen oder beim Essen auf die Düfte und die Konsistenz der Speisen. Auf einem Spaziergang verbinde dich mit deinem Gehirn, indem du deine Aufmerksamkeit von den fernen Wolken oder Bergen auf die Baumrinde direkt vor dir lenkst.

Setze dich in Ruhe hin oder nutze deinen Alltag, um Achtsamkeit zu üben – du hast die Wahl. Blende bei *allem,* was du tust, den Lärm aus und nimm die leisen, bedeutungsvolleren Signale in deinem Inneren wahr, die dich zu mehr Ausgeglichenheit und Glück führen.

Übung macht den Meister

Manchmal lässt sich eine Straßensperre nur überwinden, indem man sie umgeht.

Um Deep Work zu beherrschen – den Fokus zu verändern und neue Gewohnheiten einzuführen –, ist Übung nötig. Das kann schwer sein. Wenn dein Gehirn die Wohltaten des Serotonins ersehnt, dann denk daran: Selbst die alten Griechen wussten schon, dass Zufriedenheit nur durch konstantes Arbeiten und viel Üben erlangt werden kann.

Aber manchmal bleiben wir einfach stecken, verlieren den Schwung, oder etwas wirft uns aus der Bahn. Möglicherweise brauchen wir auch einfach mehr, als der aktuelle Gemütszustand zu bieten hat.

NIMM AN, was nützlich ist. Lass weg, was unnütz ist. Und FÜGE das HINZU, was dein Eigenes ist.

BRUCE LEE, SCHAUSPIELER UND KAMPFSPORTMEISTER

Keine Panik. Du hast die Möglichkeit, deine Glückspraxis zu stärken und dein Leben in eine andere Richtung zu lenken.

RICHTUNGSWECHSEL

Wenn du am Computer arbeitest, leg dir auch Papier und Stift zurecht. Rede mit anderen über dein Problem, mache dir Notizen, höre zu. Das hilft dir, Informationen auf verschiedene Weisen zu erfassen und zu verknüpfen. Wer weiß? Vielleicht zeigt dir dein Gehirn den richtigen Weg.

SEI FREUNDLICH

Und zwar zu dir selbst. Vermeide Selbstkritik. Das Unterbewusstsein findet immer Wege, uns zu einem Problem zurückzubringen, wenn wir ins Schleudern geraten. Wenn du versuchst, dich zu ändern, oder alles tust, um dich zu fokussieren, und es klappt einfach nicht, dann gönn dir selbst eine Pause. Überlege, woran es liegt und welche Fähigkeiten dir weiterhelfen würden. Was *kannst* du tun? Ermutige dich selbst so wie einen Freund. Deinen nächsten Schritt wirst du wahrscheinlich in einem anderen Licht sehen.

AUFTANKEN

Nimm dir einen Moment Zeit, in dem du dich intensiv um deinen Körper kümmern kannst. Deine Baustelle ist vielleicht nur ein erschöpfter PFC, der wegen Hunger, Müdigkeit, Stress oder anderer Probleme streikt. Steh auf. Dehn dich. Hol dir ein Glas Wasser oder etwas Nahrhaftes zu essen. Meditiere, auch wenn es nur zehn Minuten sind. Vergiss nicht, dass Körper und Gehirn Teile eines Systems sind. Wenn du gut für einen Teil sorgst, kommt das auch dem anderen zugute.

ERKENNTNISSE

„Aha-Momente" treten überraschend auf – wie schon der Name vermuten lässt –, wenn zwei oder mehr unzusammenhängende Ideen eine neue Verbindung eingehen. Schwupp ist eine neue Gehirnverknüpfung angelegt. Du kannst es fast fühlen, aber du kannst es nicht erzwingen.

Um die Möglichkeit für Aha-Momente zu erhöhen, wechsle die Richtung. Suche sensorischen Input, der anders ist als alles, was du bislang versucht hast. Es gibt einen Grund dafür, warum so vielen Menschen die besten Dinge unter der Dusche einfallen. Das Geräusch und das Gefühl des Wassers, die Wärme, die Ruhe oder vielleicht auch die Ionen, die sich im Gehirn verschieben, das alles öffnet uns. Die richtigen Fäden miteinander zu verknüpfen setzt jedoch voraus, sie vorher zu finden. Begib dich auf die Suche!

PAUSE MACHEN

Vor einer Straßensperre kannst du wütend davonlaufen oder sie als Work-out betrachten. Beides kann funktionieren, aber nur eines (was wohl?) scheint besser zu funktionieren. Mach eine Wanderung oder auch nur einen Spaziergang um den Block und sag deinem Gehirn: „Zeit, alles ganz neu zu überdenken", oder: „Wie wär's mit einer Pause in der Natur?"

Was du auch tust – die Waschmaschine anstellen, lesen, in die Pedale treten –, sei achtsam dabei. Geh darin auf. Achte auf die Details. Fokussiere dich darauf, *wie* du es tust.

Denn oft machen wir genau das Gegenteil. Wir tragen den Stress von einer Straßensperre zur nächsten. Doch das Erwachen der Sinne durch ein völlig anderes Erlebnis erfrischt das Gehirn. Es kann genau die Hirnareale wieder mit Ideen versorgen, die man benötigt, um die Straßensperre zu umgehen.

Beim achtsamen, bewussten Umgang mit dem Gehirn konzentrieren wir uns zunehmend auf Entscheidungen und Aktivitäten, die uns zufriedener machen – und unsere besten kognitiven Fähigkeiten stärken. Das steigert wiederum die Zufriedenheit. Und es wird noch besser, wenn wir diese neuen Fähigkeiten nutzen, um das Gehirn zu beflügeln.

Umgang mit dem Unsichtbaren

DIE AUTONOMEN PROZESSE DES KÖRPERS KONTROLLIEREN

Atem und Körperarbeit verändern unser Bewusstsein, sodass wir glücklicher, stärker und gesünder werden.

WIM HOF, EXTREMSPORTLER

Eine Sache wäre es, wenn Wim Hof allein und nur mit Shorts bekleidet bei minus sieben Grad Celsius den höchsten Gipfel Tschechiens bestiegen hätte. Dann könnte man ihn als Sonderfall bezeichnen, jemanden, der eine außergewöhnlich isolierende Fettschicht besitzt, einen Geist aus Stahl oder einen anomalen Stoffwechsel.

Aber er war nicht allein. Sondern in Begleitung Dutzender Frauen und Männer, von Anfang 20 bis Mitte 60, aus allen Ecken der Welt. Sie alle kletterten fröhlich und munter den Berg hinauf, erstaunten Grenzschutzbeamte und Mediziner, als sie gut gelaunt den Gipfel erreichten und dort feierten (eine Gruppe tanzte Harlem Shuffle) – nur in Strandbekleidung.

Manche sagen, es sei Hofs charismatische Persönlichkeit. „Seine schiere Präsenz inspiriert uns dazu, Dinge zu erreichen, die wir normalerweise nie getan hätten", sagte ein Kletterer.

Aber wenn man ihn beobachtet, weiß man, dass es mehr ist. Hof bringt seinen Teilnehmern eine ungewöhnliche Atemtechnik bei: tiefe Atemzüge mit anschließendem verlängertem Luftanhalten. Das ist einfach zu lernen, und der Erfolg stellt sich schnell ein. Nach einer kurzen Einweisung führt Hof seine Teilnehmer in immer längere Kaltwassergänge oder zu ausgedehnten Sitzungen im Schnee – fast nackt. Erstaunlicherweise verspüren sie nahezu von Anfang an keine Kälte.

Nach vier Tagen sind sie bereit, einen eisigen Berg zu erklimmen.

Wenn es nur um Hof ginge, könnte man meinen, er sei ein Scharlatan. Aber unzählige Wissenschaftler haben seine Fähigkeiten überprüft, weil sie sich fragten, wie er fast zwei Stunden lang in einer riesigen Eisbox stehen kann, ohne dass die Kerntemperatur seines Körpers sinkt.

Oder wie er in 7400 Metern Höhe am Mount Everest klettern, den Gipfel des Kilimandscharo innerhalb von zwei Tagen erklimmen, einen Marathon entlang des Polarkreises laufen – alles nur in Shorts und Sandalen – und einen weiteren Marathon in der Wüste Namib hinlegen konnte (wo Temperaturen von bis zu 45 °C herrschen), ohne Wasser zu trinken. Hof vollbrachte jede dieser Leistungen unter strenger medizinischer und wissenschaftlicher Aufsicht.

Wie macht Hof das? Und wie bringt er anderen bei, an dem „Spaß" teilzunehmen? Es stellte sich heraus, dass Hof die Kraft seines Geistes nutzt, um das Nichtsichtbare in den Griff zu bekommen: die unbewussten, normalerweise autonomen Gehirnregionen, die den Körper und das zentrale Nervensystem kontrollieren.

„Atmung und Intention verändern die Dinge", sagte er. „Sie nehmen uns die Angst, bringen uns zur bedingungslosen Natur und zur inneren Kraft zurück, die jeder hat. Wir lernen zu kontrollieren, was in uns ist, erlangen unser wahres Glück, Gesundheit und Stärke. Das ist nicht philosophisch. Das ist Chemie. Und jeder kann das."

Damit hat er vielleicht eine Form von Gedankenkontrolle erreicht, die auf der tibetischen Meditationspraxis Tummo basiert. Körperenergie wird durch Atem, Visualisieren und Abschalten der geistigen Aktivitäten in Wärme umgewandelt. Experimente an Meditierenden dokumentierten Temperaturerhöhungen von über 10 Grad Celsius in Fingern und Zehen und bemerkenswerte Veränderungen der Körperkerntemperatur.

Hofs Selbstbeherrschung geht jedoch über die Temperaturkontrolle hinaus. Unter strenger medizinischer Aufsicht wurden ihm bakterielle Beiprodukte injiziert, die normalerweise extremen Schüttelfrost, Schmerzen und Fieber verursachen. Die Ärzte untersuchten ihn, doch Hof war es gelungen, Reaktionen des Körpers zu unterdrücken.

Darüber hinaus hatte er bei diesem Abenteuer zwölf Teilnehmer an seiner Seite, die ebenfalls nicht erkrankten.

Die Atmung regt zwar die Adrenalinausschüttung an, aber Hof meint, es sei mehr als das. Er glaubt, dass wir alle mehr Kontrolle über unsere autonomen Systeme haben, als uns weisgemacht wird.

„Jeder ist in der Lage, viel mehr zu tun, als er denkt“, betont er.

„Erleuchtung ist ein Zustand von Glück und Gesundheit, und er ist nicht so weit entfernt, wie uns glauben gemacht wird.

Wir können lernen, unseren Körper von innen heraus zu kontrollieren. Das ist unsere natürliche Fähigkeit. Jeder kann das. Mein Traum ist, allen zu zeigen, wie das geht.“

Sei AKTIV

Praktiziere Kuleana:
Akzeptiere Selbstverantwortung und geistige Pflicht.
Praktiziere Ho'ohana:
Arbeite aufmerksam und entschlossen.
Praktiziere 'Imi Ola:
Bemühe dich um das beste Leben.
Unser Ziel im Leben ist, dessen höchste Form zu erreichen. Erkenne den Wert von Mission und Vision.

ALOHA-PHILOSOPHIE, TRADITIONELLE HAWAIIANISCHE WEISHEIT

Das Gehirn ist ein mächtiges Instrument – ein außergewöhnliches Kraftpaket, das uns jederzeit durch nahezu jede Lebenssituation bringen kann.

Es gibt jedoch etwas noch Mächtigeres als dieses anderthalb Kilogramm schwere Wunder: *dich*. Wenn du dieses „komplexeste Gebilde des bisher bekannten Universums" steuern kannst, arbeitest du *mit* deinem Gehirn, dann bist du in Bestform. Aber wie du gelernt hast, bedarf es neuer Absichten, Aktivitäten und Ausrichtungen, um diese Fähigkeit zu beherrschen.

Das Gras ist IMMER dort grüner, wo man ihm WASSER gibt.

UNBEKANNT

Nimm dein Leben in die Hand

Was wünschst du dir, abgesehen von den schnell zugänglichen Ablenkungen, die dich dazu verführen, deinen Weg zu verlassen?

Wie kannst du dorthin gelangen? Welcher ist der erste Schritt, der dir die Richtung weist, wo auch immer das sein mag?

Und warum ist dir dieser Erfolg oder diese Erfahrung wichtig? Was begeistert dich, macht dich neugierig oder spornt dich an?

Stell dir diese Fragen und sei ganz offen für die Antworten. Hör genau hin. Wundere dich nicht, wenn eine innere Stimme versucht, deine Begeisterung im Zaum zu halten. Denk daran, dass dich das Gehirn vor neuen Gedanken und Aktivitäten schützt, indem es sich der Anstrengung und den möglichen Risiken widersetzt, die damit verbunden sein können. Keine Sorge, das ist normal!

Frag einfach weiter und achte auf die Antworten. Irgendwo darin findest du Hinweise darauf, was dir wirklich wichtig ist – einen Funken, der deine Empathie entfacht, oder den Anklang einer Leidenschaft. Es kann dir helfen zu erkennen, was du durch deine Absichten und deinen Beitrag verbessern willst – in der Welt oder in deinem Leben.

Vielleicht ist es nur eine Kleinigkeit. Wir leben in einer Zeit, in der uns große Probleme überfordern, deshalb haben wir den Anspruch an uns selbst, enorme Taten zu vollbringen. Man vergisst dabei leicht, dass schon kleine Handlungen große Veränderungen auslösen können.

Deine Antwort könnte darauf hinweisen, dass du dir ein liebevolles Zuhause schaffen oder Menschen, die Probleme haben, unterstützen möchtest. Oder etwas ganz Einfaches, wie künstlerisch tätig sein oder Geschichten erzählen, die tiefere Einsichten vermitteln – oder sogar Mauern niederreißen. Vielleicht möchtest du auch eine Krankheit auskurieren, den Klimawandel verlangsamen oder ein politisches Problem angehen, um eine sichtbare Veränderung zu bewirken.

Aber das muss nicht sein. Schon kleine Dinge wie eine Einkaufstasche in den Supermarkt mitzubringen, einen Streit zu schlichten oder dein Kind zu loben, weil es beim Abendessen Danke sagt – das alles kann uns dem Ziel näherbringen.

Und jedes dieser Dinge trägt dazu bei, die Welt zu verändern.

Viele setzen sich einen Titel oder eine großartige Errungenschaft zum Ziel – oder eine Veränderung, die das Leben zahlreicher Menschen betrifft. Es ist leicht zu begreifen, woher diese Erwartungshaltung stammt, in unserer hektischen Zeit. Der Rummel um uns herum verherrlicht die wenigen, die Macht, Reichtum oder öffentliche Anerkennung erlangen.

Inzwischen wird vieles auf der Welt von den Werken unzähliger Menschen zusammengehalten, deren wesentliche Beiträge nie Anerkennung finden.

Das macht sie jedoch nicht weniger wichtig.

Bei einem „Ziel“ muss es sich nicht um eine außerordentliche Leistung handeln. Es kann einfach die Art sein, *wie* du etwas machst – zum Beispiel freundlich oder im Sinn der Gemeinschaft. Oder das, wofür du Zeit aufbringst. Vielleicht ermutigst du Menschen und bist ihnen ein Vorbild. Oder du möchtest mehr Schönheit in die Welt bringen, indem du etwas Kreatives schaffst, etwas pflanzt und pflegst oder eine besondere Lebensweise verfolgst.

Zu ERKENNEN, was einen wirklich glücklich macht, ist ein höllisch guter Start.

LUCILLE BALL, US-KOMIKERIN

Oder du schenkst denen, die du liebst, mehr Sicherheit und Vertrauen, was vielleicht eines der größten Ziele überhaupt ist.

Vielleicht geht es auch darum, etwas Größeres zu verbessern, sich auf einen Weg einzustimmen, an den man zutiefst glaubt, selbst wenn man dabei die Bequemlichkeit und Anerkennung des gewohnten Lebens aufs Spiel setzt. Was immer es auch sein mag – der inneren Stimme zu lauschen und den Verlockungen zu widerstehen, die vom wahren Ziel ablenken, ist ein erster Schritt zu größerer Erfüllung.

Was du TUST, macht einen Unterschied. Und du hast zu ENTSCHEIDEN, welche Art von Unterschied du MACHEN willst.

JANE GOODALL, VERHALTENSFORSCHERIN
UND UNO-FRIEDENSBOTSCHAFTERIN

Es ist schwer, sich vom Lärm zu befreien. Dennoch ist es ein altbekannter Weg zu größerem Glück.

Ob dein Ziel ist, die Welt oder einfach nur deine Welt zu verändern – schau hinein und vertraue dem, was du findest. Bringe deine tiefsten Wünsche auf den Punkt und die Dinge, die dich am meisten erfüllen. Je mehr du findest, desto klarer werden die Zusammenhänge. Wir sind hier, um einen Beitrag zu leisten, und unser Gehirn weiß das. Darum geht es in diesem Buch wirklich: eine Erinnerung in dir wachzurufen, die in dem ganzen Lärm und den Ablenkungen des Alltag untergegangen sein mag. Du bist aus einem bestimmten Grund da, und dieser Grund ist es wert. Dein Glück entsteht aus dem Wissen darum und entsprechendem Handeln, auch wenn dich Ablenkungen verlocken mögen.

Die Reise des Glücks ist in deinem Gehirn abgebildet, aber sie wird von *dir* gesteuert. Schon wenn du unsichtbare oder automatisierte Verhaltensweisen nur erkennst und zum bewussten Denken übergehst, bereitest du den Weg zum Erfolg.

Jetzt kann die Reise beginnen. Zwischen dir und deinem Gehirn befindet sich alles Nötige, um zu entdecken, was du suchst.

Eine angemessene Antwort

Vision der Achtsamkeit von Zen-Buddhistin Pamela Weiss

Der buddhistische Weg bietet ein wirksames Set von Praktiken, um sich so mit der Welt auseinanderzusetzen, dass unser Glück gesteigert wird und unsere Ziele, Perspektiven und Möglichkeiten vertieft werden.

PAMELA WEISS, LEHRERIN, COACH, TRAINERIN FÜR FÜHRUNGSKRÄFTE

In den 1980er-Jahren hatte Pamela Weiss gerade die Uni abgeschlossen und war in einer Praxis für Gesundheitsberatung tätig. Sie hatte eine Mission: Die Qualität der medizinischen Versorgung von Menschen zu verbessern, die – wie sie selbst – Typ-1-Diabetiker sind.

Ihre Krankheit hielt sie davon ab, ihren lebenslangen Traum von Reisen und Abenteuer zu verwirklichen. Aber auch der Job half ihr nicht dabei, die Krankheit in den Griff zu bekommen. Sie war gelangweilt, frustriert und unzufrieden.

Damals entdeckte Pamela das Zen-Center in San Francisco. Die Freundlichkeit und der Friede dieser Gemeinschaft überwältigten sie. *Was immer sie haben, das möchte ich auch*, dachte sie. Sie beschloss, sich einer Ausbildung im Zen-Buddhismus zu unterziehen.

Das war vor über 30 Jahren. Heute ist Pamela eine buddhistische Meisterin, deren Arbeit in der Psychologie und Disziplin des Buddhismus verwurzelt ist. „Die meisten von uns gehen durchs Leben und wollen angenehme Erfahrungen machen, den unangenehmen aber aus dem Weg gehen“, erklärt sie. „Unsere Wahrnehmung wird im Allgemeinen durch ‚Das mag ich‘ oder ‚Das mag ich nicht‘ bestimmt.

Vorübergehend kann das funktionieren. Aber es hält nicht an. Der Buddhismus lehrt, dass uns die objektive Präsenz in jedem Augenblick eine angemessene – statt gewohnheitsmäßige – Reaktion erlaubt.“

Der Begriff „angemessene Reaktion“ stammt aus einer ihrer Lieblings-Zen-Geschichten. „Ein Schüler besucht einen altehrwürdigen Meister in seinen letzten Lebensstunden“, erzählt sie. „Er fragt: ‚Was ist die Lehre deines ganzen Lebens?‘ Vermutlich erwartete er eine großartige, erleuchtende Antwort. Aber der Meister erwiderte mit der Schlichtheit des Zen: ‚Eine angemessene Reaktion.‘“

Dies ist auch der Name der Praxis für die Entwicklung von Führungskräften, die Pamela gegründet hat: *Appropriate Response*. Sie unterrichtet die diszipliniert achtsame Führung in einigen der bekanntesten Unternehmen des Silicon Valley. „*Appropriate Response* ist die Essenz dessen, was so viele von uns suchen – und zu bieten versuchen", erklärt sie. „Wir alle müssen kämpfen und begegnen Schwierigkeiten. Das Leben kann sich erdrückend anfühlen, selbst wenn wir intelligente, kompetente Menschen sind. Was wir brauchen, sind Praktiken und Perspektiven, die es uns ermöglichen, den Belastungen mit Klarheit, Mut und Güte zu begegnen."

Aktuell konzentriert sie sich auf die Gestaltung eines Führungsmodells, das auf dem Konzept des Bodhisattva basiert. „Bodhisattva ist ein Begriff, der eine große Vielfalt und Sinnhaftigkeit beinhaltet", sagt sie. „*Bodhi* bedeutet wach, erleuchtet oder weise und *Sattva* fühlendes Wesen. Bodhisattva-Führung ist die Beherrschung von Wahrnehmung und Gefühlen, sodass wir in der Lage sind, anderen zu helfen, und Weisheit und Güte auf kluge Weise teilen können."

Ihr Ziel? Durch den Begriff Bodhisattva eine neue Haltung für Führungskräfte aller Art zu schaffen. „Bodhisattvas verstehen unseren Platz im Netz des Seins", erklärt sie. „Unsere Gesundheit als Mensch ist mit der Gesundheit unseres Planeten verbunden, der Gesundheit alles anderen. Bodhisattva-Führung basiert auf dem Wunsch, diese Gesundheit und das Wohlbefinden wachsen zu lassen, das Leiden zu lindern und Freiheit und Freude zu verbreiten. Meine Vision fürs nächste Jahrzehnt ist, dass Bodhisattva unser Verständnis von Führung definieren wird. Angesichts der heute herrschenden Komplexität und Entfremdung ist dies ein notwendiger Weg. Die buddhistische Lehre und der Bodhisattva-Pfad bieten einen Rahmen, um wirkliche Zufriedenheit zu erreichen", schließt Pamela. „Glück bedeutet wahre Erfüllung jenseits flüchtiger Momente von angenehmen Erlebnissen. Mein Anliegen ist, dieses Verständnis möglichst weit zu verbreiten."

SELBST-VERANTWORTUNG

Eure Zeit ist begrenzt. Vergeudet sie nicht damit, das Leben eines anderen zu leben. Lasst den Lärm der Stimmen anderer nicht eure innere Stimme ersticken. Das Wichtigste: Folgt eurem Herzen und eurer Intuition; sie wissen bereits, was ihr wirklich wollt.

STEVE JOBS

Als ich fünf Jahre alt war, hat meine Mutter mir immer gesagt, dass Glück der Schlüssel zum Leben sei. In der Schule dann sollte ich aufschreiben, was ich werden will, wenn ich groß bin. Ich schrieb „glücklich". Sie sagten mir, dass ich die Aufgabe nicht verstanden hätte. Ich erwiderte, dass sie das Leben nicht verstanden hätten.

JOHN LENNON

Als ich dieses Buch mit dem Gefühl tiefer Zufriedenheit fast fertiggestellt hatte, ging ich eines Tages nach draußen, um frische Luft zu schnappen. Ich begegnete einer Nachbarin, die spazieren ging, und wir grüßten uns.

Offensichtlich war sie traurig. Sie begann über ihre Enttäuschungen und Gefühle der Hilflosigkeit zu sprechen, die sie in Anbetracht der vielen Schwierigkeiten in unserer heutigen Welt hat. „Es ist alles so schwer", sagte sie. „Und ich kann nichts tun, um das zu ändern."

Was ich an meiner Nachbarin immer sehr schätzte, war ihr Blickkontakt. Sie ist früher Tänzerin gewesen und mit ihren warmen braunen Augen und dem welligen weißen Haar war sie sehr hübsch. Doch als sie darüber sprach, was sie bewegte, waren ihre Augen traurig. Offensichtlich hatte sie viel darüber – und über ihre Hilflosigkeit – nachgedacht.

„Es bringt mich fast um, dass ich nichts dagegen tun kann", sagte sie mit einem Anflug von Ärger in der Stimme.

Als ich sie anschaute, fragte ich mich, wie meine Spiegelneuronen wohl gerade reagierten und ob es Oxytocin war, das meine Empathie auslöste.

Wenn ich automatisch reagiert und sie angestachelt hätte, wäre ihre Verzweiflung womöglich noch größer geworden. Ich hätte auch sagen können: „Das kenne ich! Es macht mich so wütend, dass ...", und etwas hinzufügen, was ihrem Gefühl von Empörung entsprach.

Aber ich ging in mich und reagierte anders. „Du tust schon etwas", sagte ich. Sie schaute mich neugierig an. „Immer wenn ich mit dir rede, merke ich, dass du Blickkontakt aufnimmst. Du verbindest dich. Ich wette, das machst du oft beim Sprechen."

Sie schwankte etwas und blickte weg. Einen Moment später schaute sie mich jedoch wieder an und nickte. „Das habe ich schon öfter gehört."

Dann erteilte ich ihr eine Minilektion – genau das, was meine Söhne immer nervt – über Spiegelneuronen. Ich erklärte ihr, dass einfache Dinge wie Blickkontakt tatsächlich dazu beitragen, die Menschen aus ihren Gewohnheiten zu locken und zum bewussten Handeln zu bringen. Und wie das Bewusstsein Teile des Gehirns aktivieren kann, Stimmungen, soziale Kontakte und Impulskontrolle zu verbessern. Ein freundlicher Blick kann anderen helfen, ebenfalls freundlicher zu sein und so eine Kettenreaktion auszulösen.

Ihre Miene entspannte sich; sie sah hoffnungsvoller aus. Dann ergriff sie meine Hand und drückte sie. (Nehmt das zur Kenntnis, meine Söhne!)

Mit wachsender Begeisterung sagte sie: „Es erinnert mich an das, was Gandhi sagte. Du weißt schon: ‚Sei du selbst die Veränderung, die du dir wünschst für diese Welt.'"

„Genau", stimmte ich ihr zu.

Ihre Augen funkelten, dann zuckte sie mit den Schultern und sagte: „Wenn es gut genug für Gandhi ist, ist es vermutlich auch gut genug für mich."

Mein LEBEN ist meine BOTSCHAFT.

MAHATMA GANDHI

Es ist nie zu spät, Selbstverantwortung zu übernehmen, wie das Beispiel meiner bezaubernden Nachbarin zeigt. Wenn ich vor zehn Jahren gedacht hätte, es wäre zu spät, hätte ich dieses Buch nie geschrieben.

Etwa um dieselbe Zeit erzählte meine Mitarbeiterin Marlene, was sie von ihrer Großmutter gelernt hat, die aus China in die USA ausgewandert ist.

„Wenn du am Fuß eines Berges stehst und aufschaust, siehst du nur die Dinge, die dir den Weg versperren. Doch wenn du den Gipfel erreichst und nach unten schaust, wirst du erkennen: Hundert Wege hätten dich an diesen Ort gebracht."

Glück, wahres Glück, ruft dich. Du kannst es in dein Leben lassen. Und alles auf deinem bisherigen Weg hat dich dorthin gebracht, wo du mehr davon finden kannst – selbst wenn du es kaum glaubst.

Wir denken, dass wir furchtlos sein müssen, um zum Glück zu gelangen und tiefe Zufriedenheit zu finden.

Doch wie gelingt es uns, die Furcht loszulassen?

Arbeite dich in kleinen Schritten vor, Stück für Stück. Rufe deinen Beobachter zu Hilfe. Lächle deinem automatischen Angst-Modus zu und beruhige ihn: „Lehn dich zurück, ich mach das schon."

Und dann gehe einen weiteren Schritt vorwärts. Schließlich hast du das mächtigste Instrument der Welt an deiner Seite. Es beobachtet dich in diesem Moment, bereit, von dem zu profitieren, was du als Nächstes tust.

Was auch immer das ist, es unterstützt dich dabei, mehr davon zu tun. Es ist auf deiner Seite. Und jetzt weißt du auch, wie du mit ihm zusammenarbeiten kannst. Es ist bereit – und du bist es auch.

Herzlich willkommen zu deinem ersten Schritt hin zu mehr Glück – und zu der Zufriedenheit, die du verdienst.

LESETIPPS

Wenn die Erforschung des Gehirns und die Rolle, die es für das Glück spielt, dein Interesse geweckt hat, dann habe ich eine gute Nachricht! Denn es gibt viele Möglichkeiten, das Gelernte zu vertiefen.

Ein leicht verständlicher und umzusetzender Leitfaden ist *Brain at Work: Intelligenter arbeiten, mehr erreichen* von David Rock. Hier werden die verschiedenen Systeme des Gehirns und eine typische Familie in unterschiedlichen Lebenssituationen vorgestellt – bevor und nachdem sie die Arbeitsweise des Gehirns kennenlernte. Mehr (in englischer Sprache) unter neuroleadership.com.

Carol Dwecks exzellentes Buch *Selbstbild* erklärt, wie unser Denken durch die Kraft der Neuroplastizität in neue Richtungen gelenkt wird, um Lernen und Wachstum zu steuern. Auch wenn ihre Arbeit oft im Schulunterricht eingesetzt wird, ist sie für Erwachsene ebenso empfehlenswert wie ihre Website (in englischer Sprache) mindsetworks.com.

Einen faszinierenden Einblick in die „Beobachter"-Rolle des Gehirns bietet *Mit einem Schlag* von Jill Bolte Taylor mit der Schilderung ihrer persönlichen Geschichte. Als angesehene Neurowissenschaftlerin gewann Dr. Taylor ein tieferes Verständnis von der Funktionsweise des Gehirns, als sie einen heftigen Schlaganfall erlitt und an ihrer Genesung arbeitete. Ihr TED-Talk zum Thema und ihre Website (in englischer Sprache) mystrokeofinsight.com berichten über die beeindruckende Erforschung des eigenen Gehirns – einschließlich einiger Überraschungen – bei ihrer medizinischen Reise und Genesung.

Um mehr über den Einsatz von Neurowissenschaften im Produktdesign zu erfahren, empfehle ich das Buch *Hooked: Wie Sie Produkte schaffen, die süchtig machen* von Nir Eyal. Sein Blog nirandfar.com und die von ihm ins Leben gerufene Konferenz *Habit Summit* (in englischer Sprache) sind ebenfalls ausgezeichnete Referenzen.

Und natürlich pflege ich auf meiner eigenen Website ellenleanse.com (in englischer Sprache) eine Liste von Updates, Infos, Vorträgen und vielem mehr.

DANKSAGUNG

Ohne die fachkundige Durchsicht der Systemneurowissenschaftlerin Dr. Sarah Eagleman hätte ich nicht über die Gehirnfunktionen schreiben können. Ihr Wissen und ihre Aufmerksamkeit für Details brachten die Kapitel über das Gehirn auf den Punkt und machten sie leserfreundlich. Ich bin ihr außerordentlich dankbar für ihre Mitwirkung, die vielen hilfreichen Einblicke und die Freude an unserer Zusammenarbeit. Jegliche Fehler und Unklarheiten gehen auf mein Konto.

Danke auch an die buddhistische Meisterin Pamela Weiss für ihre Inspiration und ihre Beiträge. Als Leiterin von *Appropriate Response* („angemessene Reaktion") hat Pamela Führungskräfte in einigen der weltweit angesehensten Unternehmen unterrichtet. Unzählige Schüler, darunter auch mich, hat sie bei der Anwendung buddhistischer Lehren im Alltag begleitet.

Mein Dank geht auch an meine Freunde Roz Savage (MBE), Dr. Wade Roush, Dr. Susan Spinrad Esterly, Anil Ananthaswamy, Shaherose Charania, Derek Skaletsky, Chrissy Farr, Serena Malkani, Familie Jaffer, Victor D. Lombard, George Woods Baker, Dr. Krista Donaldson (MSE),

Adrienne F. Huesca, Cy Hoss, Pavlina Yanakleva, Lindsay Holden, Avish Bhama, Vicki Reece, Mac sowie Monique und Travis Giggy für ihren Zuspruch und ihre hilfreiche Aufrichtigkeit.

Ebenso an meine Kollegen von DENT an der Stanford University und vor allem und ganz besonders an meine Familie: meine Söhne, Geschwister, Nichten und Neffen.

Und besonderen Dank an Meg Gibbons, meine Lektorin und Partnerin bei Sourcebooks, dafür, dass sie das Licht gesehen und zum Leuchten gebracht hat.

Über die AUTORIN

© Lindsay A. Miller

Ellen Petry Leanse unterrichtet, coacht, spricht und lebt in der Überzeugung, dass Achtsamkeit das Können und die Zufriedenheit in allen Lebensbereichen erhöht. Heute konzentriert sie sich auf ihre Tätigkeit als Führungs-Coach, Autorin und weltweit aktive Rednerin.

35 Jahre war sie im Silicon Valley tätig, wo sie im Macintosh Launch Team arbeitete und 1985 die erste Online-Präsenz des Unternehmens entwickelte. Seitdem hat sie bei Google, Facebook, Microsoft, als Unternehmerin und für zahlreiche Start-ups gearbeitet, um Innovationen für Technologieanwender sinnvoller und verständlicher zu machen.

Ellen hat für Zeitschriften wie *Time, Inc., Business Insider, Vogue, Fast Company* und viele andere geschrieben oder wurde darin zitiert.

Ihre Artikel über Sprache, Gender und das Wort *just* („nur") erhielten mehr als fünf Millionen Aufrufe und wurden in Dutzenden Stellungnahmen erwähnt. Ellens TEDx-Talk-Vortrag mit dem Titel „Happiness by Design" hat vielen Zuschauern auf der ganzen Welt die Einfachheit und den Nutzen von Dankbarkeitspraktiken eröffnet.

Ellen ist Mutter von drei Söhnen; sie lebt und arbeitet in Nordkalifornien.

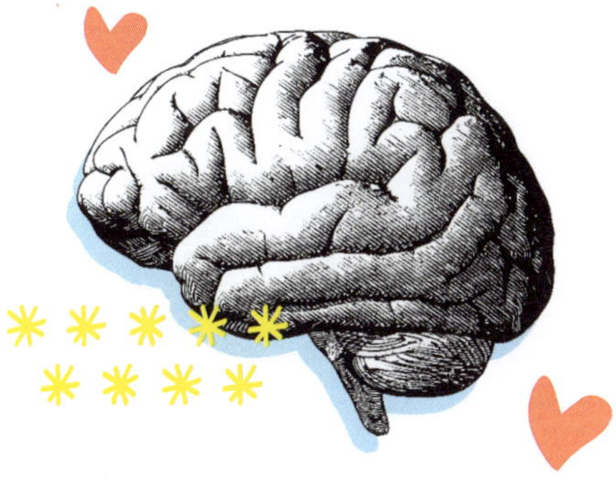

Kaiserstraße 14 b
D-80801 München

ISBN 978-3-89883-904-4
1. Auflage 2019

Projektleitung der deutschen Ausgabe: Kathrin Mayr
Übersetzung: Antje Seidel, Köln
Redaktion und Satz: trans texas publishing services GmbH, Köln
Umschlaggestaltung der deutschen Ausgabe: Johanna Höflich
Herstellung: Frank Jansen
Producing: Jan Russok
Druck & Bindung: CPI books GmbH, Leck

Kurze Wege schonen die Umwelt
Dieses Buch wurde in Deutschland gedruckt

Die ZS Verlag GmbH ist ein Unternehmen der Edel AG, Hamburg.
www.zsverlag.de | www.facebook.com/zsverlag